KB201610

스펀지 성경

스펀지 성경

초판 1쇄 발행 2006년 1월 2일

지은이 · 박성흠
펴낸이 · 조병호
펴낸곳 · 도서출판 **땅에쓰신글씨**
그 림 · 김수남
편 집 · 한현주 전민영 문지희
주 소 · 서울시 서초구 서초동 1588-1 신성비지니스텔 A-906
전 화 · 02)525-7794
팩 스 · 02)587-7794
홈페이지 · www.hanshi.or.kr
등 록 · 제21-503호(1993.10.28)

ISBN 89-85738-41-0 03230

스펀지 성경

기독교 전문기자가 성경에 관한 궁금보따리를 열었다!

박성흠 지음

땅에쓰신글씨

추천사

누구나 한번쯤은 물었을 만한…

　예수를 자신의 구주로 고백하는 크리스천에게 '성경전서'는 늘 읽고 묵상하는 생활의 지침서다. 2천 개 이상의 언어로 번역이 되고 한 세기 전부터는 우리말로도 여러 가지로 번역이 된 성경은 반드시 쉽게 읽혀지는 책만은 아니다. 그것은 옛날이나 지금이나 다를 바가 없다.

　빌립이 길에서 에티오피아 내시를 만난 유명한 이야기가 사도행전에 나온다. 그 내시가 마차에 앉아서 예언자 이사야의 글을 읽고 있는 것을 빌립이 보고 그에게 가서 "지금 읽으시는 것을 이해하십니까?"라고 물었다. 그가 대답하기를 "나를 지도하여 주는 사람이 없으니, 내가 어떻게 깨달을 수 있겠습니까?" 하고, 올라와서 자기 곁에 앉기를 빌립에게 청하였다(사도행전 8:26-31).

　성경을 읽는 독자들은 저마다 성경에 관해 이런 저런 여러 가지 궁금증을 갖고 살게 마련이다. 특별히 크리스천에게는 성경뿐만 아니라 신앙생활을 하면서 겪게 되는, 해결하기 어려운 여러 가지 궁금증을 가지고 있는데 이것 역시 성경과 관련하여 해답을 찾기 마련이다.

『스펀지 성경』은 그런 점에 착안한 박성흠 기자의 기자적 호기심이 발동된 결과물이다. 그는 신학을 전공한 성서학도도 아니다. 다만 기독교 지성인의 한 사람으로서 자기 자신이 성경의 독자가 되어 본문을 읽을 때 당면한 문제들을 여러 자료를 보면서 풀어나갔다. 그가 제기했던 질문이 그 자신만의 독특한 질문이 아니고, 성경 독자이면 누구나 한번쯤은 물을 수 있는 것들이기에 그는 칼럼 연재를 계속하였고 이제 그것을 한데 묶어 책으로 낸 것이다.

박 기자는 몇 해 전에 〈한국기독공보〉에 '성서재발견'이라는 칼럼을 연재하면서 때때로 대한성서공회에 전화를 걸어와 "성서공회의 입장은 무엇이냐?"고 수시로 확인을 해온 일도 있다. 그렇게 장기간 연재한 성경 이야기들이 이번에 한 권의 책으로 묶인다니 반갑다. 이것이 우리나라 크리스천들로 하여금 성경을 좀 더 친숙하게 이해하고 읽을 수 있도록 돕는 책이 될 것으로 믿는다.

대한성서공회 총무
민영진

알찬 지식과 맑은 적용을 동시에 얻는 책

『스펀지 성경』을 읽고 난 뒤에야 한글 성경에는 왜 이브가 살지 않는지, 그 이유를 명확하게 알게 됐다. 그전에는 이브라는 이름이 당연히 성경에 있는 줄로 알았다. 『스펀지 성경』을 읽어 내려가며 그간 궁금하게 여기던 것들에 대한 궁금증을 많이 해결할 수 있었다. 구원과 신앙생활에 있어 매우 중요한 것이 아니라는 이유로 방치했던 여러 궁금증이 풀린 것이다.

영국에서 유학생활을 할 때 피터(Peter)와 제임스(James), 제이콥(Jacob), 레베카(Rebekah) 등의 이름을 가진 사람들을 많이 만날 수 있었다. 그런데 그들이 성경에 나오는 베드로와 야고보, 야곱, 리브가였다는 것을 아는 데는 시간이 다소 걸렸다.

유학생활에 익숙해지면서 그들의 제도와 문화에 성경의 가르침과 가치가 얼마나 많이 투영되어 있는지를 조금씩 알게 되었는데, 유학을 떠나기 전에 『스펀지 성경』이 나왔더라면 영국의 사회와 문화를 더 빨리 더 깊게 이해하고 유학생활 중에 더 많은 것을 누렸을 것이라는 생각이 든다.

『스펀지 성경』의 장점은 무엇보다 각 장의 끝 부분에 나오는 신앙적 적용이다. 단순히 성경 지식을 하나 더 알게 하는 것이 아니라, 그 성경 지식이 궁극적으로 우리의 신앙에 어떤 의미가 되는지를 살피는 시도가 참 좋아 보인다.

"카인의 후예"라는 말을 듣는 독자들은 무엇을 생각하겠는가? 『스펀지 성경』의 저자는 "그다지 크지도 않은 죄책감으로 잠 못 들었던 수많은 밤이며, 수치심으로 날을 하얗게 밝히던 그 청년의 날들이여, 이제는 더 크고 무거운 죄에도 더 이상 참담하지 않는구나. 수치심이나 죄책감 따위는 하수구에 내다 버리고 사는 건 아닌지 반성해 볼 일이다."라고 적고 있다. 독자들도 『스펀지 성경』을 읽은 후에는 저자와 같은 '맑은 적용'의 유익이 있을 것으로 기대된다.

『스펀지 성경』은 오랫동안 기자생활을 해온 사람의 글이어서인지 경쾌하고 명확하다. 이 책을 다 읽고 나면 저자처럼 간결하고 경쾌하고 빠르게 자신이 원하는 바를 전할 수 있을 것 같은 느낌이 든다. 이 같은 글쓰기의 향상도 독자들에게 있기를 바라며, 앞으로 저자와 같이 성경을 더 깊고 면밀히 봄으로 성도들에게 유익이 되는 관찰과 해석을 하는 분들이 많이 나오기를 바란다.

서초교회 목사, '구하지 않은 것까지 응답받는 기도' 저자
정요석

2년의 연재물, 다시 독자와 만나다

　신문사의 데스크인 나로서는 사무실 책상머리에 붙어 있는 기자들을 보는 것은 그다지 반가운 일이 아니다. 기자는 취재 현장에서 호흡해야 하며, 현장을 지키지 않는 기자는 '반쪽짜리'라는 평소의 지론 때문이다. 팩스에 이어 휴대전화와 인터넷이 발달한 오늘의 현실에서 이 같은 원칙은 더욱 두드러지고 있다.

　후배 기자인 박성흠 기자가 처음 '성서재발견'을 기획하고 제안해왔을 때는 사실 반신반의했다. 현장을 발로 밟지 않고 쓰는 기사라서 달갑지 않았지만 한국 교회 평신도가 공감할 수 있는 주제라는 데는 이견이 없었던 탓이다.

　편집국의 회의를 거쳐 '성서재발견'이라는 연재의 제목이 정해졌고 수차례의 기획회의를 거친 끝에 연재가 시작됐다. 솔직히 말해서 '성서재발견'의 반응이 기대와는 달리 폭발적이지는 않았다. 하지만 독자들에게서 '이런 것도 궁금하니 알려 달라.'거나 '이렇게 잘못 알려진 성경 이야기도 있는데 다뤄달라.'는 주문이 이어졌다. '성서재발견'은 꾸준한 반응을 얻으면서 2년이나 연재가 계속됐었다.

'성서재발견'은 기본적으로 『성서백과사전』에 많이 의존해 쓴 연재다. 그러나 박 기자는 『성서백과사전』 외에 대한성서공회와 같은 공식적인 기관과 신학대학교 교수들에게 자문을 받고 확인하는 작업 외에 인터넷 자료도 활용했다.

그렇게 꾸준한 반응을 얻어온 '성서재발견'이 한 권의 책으로 묶여 『스펀지 성경』으로 나오게 돼 반갑고 한편으론 대견한 마음이다. 일주일 단위로 살아지는 생활의 리듬 탓에 새로운 기획을 찾는 일에 매달릴 수밖에 없는 것이 주간신문의 특성이다. 그럼에도 불구하고 지나간 기획을 정리해 독자들에게 새로이 내놓는 것은 독자들과 더 가까이 만나고픈 기자적 욕심일 것이다.

한국기독공보 편집국장
김 훈

추천사

평신도들의 지적인 가려움을 시원하게 긁어주는 책

아끼는 후배가 자신이 재직하는 신문사인 〈한국기독공보〉의 '성서재발견' 코너에 오랫동안 연재해온 글을 모아 책으로 출판한다며 원고를 보내왔다.

필자는 직업의 특성상 매일매일 쏟아지는 신문과 방송과 통신의 수많은 기사를 접하고 거기에 더해 매주 열 몇 쪽씩 되는 교계 주간지 십여 개를 살펴봐야 한다. 언론인 입장에서 비중이 있다고 판단되는 기사가 각 언론별로 어떻게 다뤄졌는지 비교해 살펴보고, 독자와 시·청취자가 흥미 있어 할 기사가 무엇인지 선별해내다 보면 사실 모든 매체의 내용을 전부 꼼꼼하게 살필 여유가 없다.

솔직히 말하자면 '성서재발견'을 매주 꼼꼼히 읽은 것은 아니다. 하지만 출판을 앞둔 원고를 읽어보면서 크게 후회했다. 교계에서 20여 년 잔뼈가 굵었다는 필자도 궁금해 하고 헷갈려하던 많은 내용들이 기대이상으로, 한때 유행하던 표현을 빌리자면 "밑줄 쫙~" 치게끔 정리돼 있었던 것이다.

사실 남녀선교회나 청년회, 속회(구역)같은 소모임에서는 박 기자가 '성서재발견'에서 다룬 '선악과는 무슨 과일이었을까?' 혹은 '출애굽기의 홍해는 정말 지금의 홍해가 맞을까?' 하는 등의 질문이 자주 나온다. 하지만 목회자에게 미처 물어보지도 못하고 막연한 궁금증을 간직한 채 넘어가기 십상이다. 박 기자의 연재를 꾸준히 읽었다면 마음속에 간직하고 있던 궁금증 가운데 여럿은 이미 해결이 되었을 것이다. 또 선교회 모임이나 또래 모임에서 튀어나온 질문 가운데도 시원한 대답을 할 수가 있었을 것이다. 바쁘다는 핑계로 '성서재발견'을 읽지 않고 넘어갔던 지난날이 은근히 후회되는 것은 이 때문이다.

　　아마도 박 기자가 목회자가 아닌, 우리와 같은 평신도였기에 평신도들 스스로 궁금해 하는 문제들을 족집게처럼 집어내 평신도의 시각에서 해설하는 이 같은 기획이 가능했을 것이다. 내용 가운데는 아쉬운 부분도 없지 않지만, 평신도들의 지적인 가려움을 긁어주는 데는 이만한 책도 드물 것이란 생각이다.

CBS 교계뉴스팀장
권혁률

감사의 글

사실은 욕심에서 출발했다. 과연 이런 것이 한 권의 책으로 묶여질 수 있을까를 먼저 고민했더라면 『스펀지 성경』은 세상에 나오지 않았을지도 모른다.

기독교 전문신문 기자로 꽉 찬 13년을 살았다. 10년이면 강산이 어쩌고 하는 흔한 소리가 아니라 한 직장에서 13년 동안 밥을 얻어먹고 살았으니 밥값은 해야 하지 않겠느냐, 전문신문 기자로 13년을 살았는데 과연 나는 전문가 소리를 들을만한 자격이 있는가, 그런 반성이 언제나 머릿속을 떠나지 않았다.

그런 반성과 상념이 욕심을 잉태했나보다. '전문가 소리를 듣기 위해서는 책을 한 권 내는 것이 제일 빠른 길일 텐데…' 하는 욕심이 스르르 일어났다. 나에게 기자 명함을 주고 월급을 준 〈한국기독공보〉에서 취재기자로 뛰면서 연재했던 '성서 재발견'이 가장 적합한 소재로 떠오른 건 '스르르' 욕심이 일어난 직후였다.

하지만 원고를 정리하면서 '이런 불완전한 걸 책으로 내는 건 출판공해를 부추기는 것일지도 모른다.'라는 반성과 실망이 엄습했다. 실망에 젖어있을 즈음에 '땅에쓰신글씨'와 조병

호 목사님이 '한 번 내보자.'며 용기를 주었다.

기라성 같은 선배들에게 한참 모자란 후배가 먼저 '내 이름으로 된 책'을 내놓게 되어 사실은 기자 선배들에게 참 죄송하다. 후배 기자들에게는 '충분조건'이 갖춰지지 못한 책을 내놓게 된 것 같아 미안하다. 그리고 나를 한 사람의 사회인으로 받아주고, 나에게 기자 명함을 주었으며, 지면에 내 이름으로 된 기사를 쓸 수 있도록 해 준 〈한국기독공보〉와 선후배 동료들에게는 감사의 뜻을 전한다.

『스펀지 성경』을 읽는 독자들께는 더욱 송구하다. 완성도가 높지 않은 컨텐츠를 기자라는 신분을 앞세워 내놓은 것이라는 평가가 나올까 두렵기도 하다.

동시대를 살아가는 한 사람의 크리스천으로서 독자들과 함께 고민거리를 나눌 수 있기를 기대한다. 그것은 『스펀지 성경』이 세상에 나온 의미이며, 이 책이 세상에 나올 수 있도록 도움을 준 이들을 행복하게 하는 일일 것이다.

한국기독공보 편집국에서
박성흠

목차

프롤로그

"너희가 성경에서 영생을 얻는 줄 생각하고 성경을 연구하거니와
이 성경이 곧 내게 대하여 증언하는 것이니라" – 요한복음 5:39

'예수'의 영어 이름은 지저스(Jesus)이고 '다윗'의 영어
이름이 데이비드(David)라는 것쯤은 웬만한 사람이라면
'통박'으로도 알 수 있는 일이다. 그러나 '아나니아'와 '삽
비라'는 우리말로 번역되기 전에 어떤 이름으로 불리던 사
람들일까. 사울(영어식 이름으로는 솔Saul이다)이 예수의
음성을 듣고 거꾸러진 다메섹은 지금의 어디(시리아의 수
도)이며 어떤 이름(다마스커스)으로 불리고 있을까?

성경을 곁에 두고 자주 읽지는 않지만 어린 시절부터 들

어온 목사님의 설교에서, 가끔

성경을 꺼내 읽으면서 늘 궁금했던 것

들이다. 예나 지금이나 신학적으로 깊이 있는 생각을 하지
못하는 것은 마찬가지다. 여전히 머리 속에 떠오르는 것들
은 이렇게 단순하면서도 조금 엉뚱한 질문들이다.

　한국 교회 성도를 평가절하 하는 것은 아닌지 모르겠지
만, 이런 주제를 생각하고 집필하는 기자 역시 한 사람의 평
신도이기 때문에 평신도 또는 초신자들이 궁금하게 느끼는
것 중에는 이런 것들도 있으리라는 기대를 갖고 있다.

　성경은 히브리어와 헬라어, 영어 그리고 한국어로 각각
'번역' 이라는 과정을 겪어 오늘 우리 손에 들려있다. 지금
의 개역성경에 나오는 인명과 지명들은 우리가 세계사 교과
서에서 배우거나 책에서 읽은 그것과는 다소 거리가 있는
것이 현실이다.

이 책은 그 거리를 조금이나마 좁혀본다는 데 의미가 있다. 그러는 과정에서 그리스도의 향기를 발견하고, 21세기를 살면서 2천 년 전 목숨을 걸고 믿음을 지킨 신앙 선배들의 족적을 닮아야겠다는 생각을 조금이라도 갖게 된다면, 그건 이 책이 의도하지 않은 수확일지도 모른다.

기독교인은 흔히 어부에 비교되곤 한다. 이른바 '사람을 낚는 어부.' 베드로를 제자로 받아들이시면서 예수님은 그렇게 말씀하셨다. 우리가 어부라면 성경은 우리에게 그물이 아닐까. 어부가 그물코를 손보는 심정으로 성경을 세심하게 읽어보자.

너는 배우고 확신한 일에 거하라

너는 네가 누구에게서 배운 것을 알며

또 어려서부터 성경을 알았나니

성경은 능히 너로 하여금

그리스도 예수 안에 있는 믿음으로 말미암아

구원에 이르는 지혜가 있게 하느니라

모든 성경은 하나님의 감동으로 된 것으로

교훈과 책망과 바르게 함과 의로 교육하기에 유익하니

이는 하나님의 사람으로 온전하게 하며

모든 선한 일을 행할 능력을 갖추게 하려 함이라

(디모데후서 3:14-17)

한글 성경에는 이브가 살지 않는다

철수와 영희 그리고 마리아

카인의 후예에게 주는 경고

야벳과 야베스는 모르는 사이

이름 참 특이하네, 아나니아와 삽비라

중학교 때 배웠다, 스도이고와 에비구레오

'우림과 둠밈'은 주사위?

'앗수르'와 '앗시리아' 혼동하지 말자

애굽이 이집트라고?

한글 성경에는 이브가 살지 않는다

하와와 이브는 같은 사람인데 왜 다르게 부를까? 아주 오래 전부터 갖고 있던 의문이지만 굳이 누구에게 물어볼 생각을 못하고 30년 가까운 세월을 보냈다. 결론부터 말하면 번역상의 문제일 뿐 다른 이유는 없다.

우리말 성경의 '하와'가 영어 성경에는 '하와' 대신 '이브(Eve)'로 쓰여있다. 한글 성경에는 하와가 아담과 살고 있지만 영어 성경에 아담이 함께 살고 있는 여자의 이름은 '이브'다.

어느 날 문득, 이 문제가 생각나 사전을 뒤지기 시작했지만 만족할 만한 성과를 얻지는 못했다. 성경 사전이나 기독교 사전에도 '이브'를 찾으면 설명이 나오지만 '하와'를 찾으면 자세한 설명 없이 이브를 참조하라고 한다.

히브리어로 "모든 살아 있는 것들의 어머니"란 뜻의 단어가 '하와'다. 하와는 살아 있는 것을 의미하는 '하이'라는 단어에 여성형 어미인 '아'가 붙여져서 된 합성어. 이를 히브리어로 읽으면 '하바'가 된다.

히브리어 '하바'를 헬라(고대 그리스)어로 번역할 때 '유와(Eua)'가 됐다. 개역한글판 성경 디모데전서 2장 13절은 하와를 '이와'로 표기하고 있다(개역개정판과 새번역에서는 모두 '하와'로 번역했다). 헬라어 성경을 다시 라틴어로 번역할 때에는 '하바'가 '헤바(Heva)'가 되었고, 이에 근거해 여러 가지 영어 성경에서는 '이브(Eve)'로 번역했다는 것이다.

결국 '이브'라는 이름은 히브리어 '하바'에서 출발해 헬라어 '유와'와 라틴어 '헤바'를 거쳐 영어 성경에서 마지막으로 확정된 것이다. 그러면 우리말 성경은 영어이름 이브 대신에 왜 군이 히브리어 성경에서 '하와'라는 이름을 가져왔을까. 이는 우리말 성경이 영어 성경을 번역한 것이 아니라 히브리어(구약)와 헬라어(신약) 원전을 번역했기 때문이다.

우리말 성경이 만약 영어 성경을 번역했다면 지금 우리는 예수를 '지저스'로 부르고 있을지도 모를 일이다. 지난 2000년에 몽골로 취재여행을 갔을 때, 그때 만났던 몽골의 크리스천들은 예수를 '예수스'라고 부르고 있었다. 번역의 문제일 뿐 예수나 지저스나 예수스나 모두 한 분이다.

철수와 영희 그리고 마리아

우리나라에는 얼마나 많은 '철수'와 '영희'가 살고 있으며, 전 세계 도처에는 또 얼마나 많은 '톰'과 '폴'이 있을까. 사람은 다르지만 같은 이름을 가진 이른바 '동명이인'들인데, 성경 시대에 등장하는 수많은 인물들 중에도 역시 동명이인들이 등장하고 있어, 읽는 우리를 헷갈리게 한다.

예수의 어머니이자 요셉의 아내인 마리아는 신약 성경 곳곳에 나오지만 또 다른 마리아가 서너 명이나 더 있다. 우선 예수께서 자신에게 붙은 일곱 귀신을 쫓아내 주신 것에 감사해 예수의 무덤까지 함께 있었던 사람은 막달라인 마리아(눅 8:2). 또한 예수를 자기 집으로 영접해 음식을 대접했던 마르다의 여동생도 마리아였다. 그녀는 예수의 발 아래 앉아 말씀을 들어 예수의 칭찬을 들었다. 향유를 부어 예수의 발을 씻긴 이도 마리아다. 하지만 여기 마리아는 예수의 칭찬을 들은 마르다의 여동생 마리아이니 다른 사람은 아니다.

성경을 꼼꼼이 읽지 않았던 사람에게는 친숙하지 않을 또 한 사람의 마리아가 있다. 예수께서 십자가에 달려 계셨던 동안 그 곁에 섰던 사람들 중에는 예수의 모친 마리아 외에 또 한 사람의 마리아가 있었다. 요한복음 19장 25절에는 "예수의 십자가 곁에는 그 어머니와 이모와 글로바의 아내 마리아와 막달라 마리아가 섰는지라"라고 기록하고 있는 것.

옥에 갇힌 베드로가 천사의 인도를 따라 몸을 숨겼던 곳 역시 마리아의 집이었다. 사도행전 12장에 "마가라 하는 요한의 어머니 마리아의 집에 가니 여러 사람이 거기에 모여 기도하고 있더라"라는 대목이 나온다.

이밖에도 성경에는 '유다'와 '요한', '야고보', '요셉'

등, 특히 신약에 무수히 많은 동명이인들이 등장한다. 교회학교 시절 성경퀴즈 시간에는 이런 사실에 착안해 나왔던 문제가 꽤 있었던 듯하다.

왜 이렇게 동명이인이 많이 나와서 우리를 헷갈리게 하는 것일까. 그것은 아마도 '성경을 주의 깊게 읽으라'는 메시지가 아닐까 생각한다.

카인의 후예에게 주는 경고

"가인이 그의 아우 아벨에게 말하고 그들이 들에 있을 때에
가인이 그의 아우 아벨을 쳐죽이니라" – 창세기 4:8

유명 작가의 소설 중에는 유독 이들 형제의 이름을 빌린 것들이 많다. 황순원이 쓴 『카인의 후예』나 이문열의 『사람의 아들』 등이 그것. 소설에는 인류의 조상인 아담과 하와가 낳은 두 아들 중 동생인 아벨을 형인 카인이 죽였으니 현재의 우리는 모두 살인자의 후손이지 않느냐는 의미가 함축되어 있었던 것으로 기억된다.

사춘기를 지나면서 받았던 그 당시의 충격은 대단했었다. 내가 가진 미움과 시기, 질투, 음란한 생각과 거짓말 등

'악'으로 의미되는 모든 것들이 괜한 것이 아니었구나 생각했다. 나는 동생을 미워하다 죽인 살인자의 후손이었구나.

성경은 동생을 죽이고 '놋 땅'으로 쫓겨난 가인을 위해 하나님께서 '표'를 주어 '다른 사람'에게 살해되지 않도록 배려했다고 기록하고 있다. 헷갈리기 시작한다. 인류의 2대(代)인 카인에게 과연 '다른 사람'이란 누구를 지칭하는 것인가. 성경에서 언급하지 않은 또 다른 1대(代) 인류 또는 2대(代) 인류가 있었던 것인가.

이런 질문은 유치해 보이지만 사실은 꽤 유명한 것이다. 이미 오래 전에 수많은 사람과 학자들이 질문을 던지고 해답을 찾고 했던 것이기 때문이다. 아담과 하와 이전의 사람은 존재하지 않으며, 아담과 하와는 9백 년을 넘도록 살면서 많은 형제들을 생산하고 그 형제들끼리 결혼한 것이라는 추측이 일반적이다. 성경은 무오하며, 기록이나 모든 과학적 사실에 있어서도 항상 틀림이 없다는 것.

아벨은 억울하게도 형으로부터 죽임을 당해야 했고 가인은 살인자의 오명을 벗지 못했지만 이들 형제가 적어도 한 가지 메시지는 남기고 있다. '살인자의 후예'를 남김으로써 부모(아담과 하와)에 이어 일찍이 인류에게 죄악의 심각성을 경고한 것이다.

그다지 크지도 않은 죄책감으로 잠 못 들었던 수많은 밤이며, 수치심으로 날을 하얗게 밝히던 청년의 날들이여, 이제는 더 크고 무거운 죄에도 더 이상 참담해하지 않는구나. 수치심이나 죄책감 따위는 하수구에 내다 버리고 사는 건 아닌지 반성해 볼 일이다.

야벳과 야베스는 모르는 사이

『야베스의 기도』. 불황에 허덕이던 2001년 기독교 출판계에 활력을 불어넣으며 엄청난 인기몰이를 했던 책으로 기억된다. (취재 중에) 만나는 사람들마다 『야베스의 기도』를 읽어 보았느냐고 묻는 통에 조금은 짜증스러웠던 기억도 있다.

솔직히 그때까지 야베스가 누구인지 몰랐다. 머릿속에선 노아의 세 아들 중 한 사람인 '야벳'을 그렇게 부른 건 아닌가라고 생각했다. 성경에 나오는 인명이나 지명이 성경 밖에서는 간혹 성경과 다르게 표기되기도 한다는 경험 때문.

그렇지만 이런 생각이 무식의 소치라는 게 밝혀지는 데에는 오랜 시간이 필요하지 않았다. 『야베스의 기도』가 유행할 즈음에는 인터넷도 온통 '야베스의 바다'였기 때문에 힘들여 노력하지 않아도 자연스럽게 알게 되었다. '야베스의 기도'의 야베스는 노아의 막내아들 야벳과는 시대배경도 이름도 전혀 다른 사람이라는 것. 노아의 아들 야벳은 영문으로 Japheth지만 "존귀한" 사람 야베스의 영문 이름은 Jabez다.

역대상 4장 10절에 나오는 그 유명한 야베스의 기도를 다시 음미해 본다. "주께서 내게 복을 주시려거든 나의 지역을 넓히시고 주의 손으로 나를 도우사 나로 환난을 벗어나 내게 근심이 없게 하옵소서". 분석하기를 좋아하는 이들은 짧은 그의 기도를 4단계로 나누어 성경공부의 교재로 활용하기도 하지만, 그저 그의 기도를 묵상하는 것만으로도 가슴 저 밑바닥으로부터 울려 나오는 감동을 느낄 수 있다.

성경은 야베스에 대해 더 이상 언급하지 않는다. 아담과 하와 이후의 족보에 대해 언급하는 역대상에서 단 한 차례, 4장 9절과 10절에서만 그의 이름이 언급될 뿐이다. 그렇지만 성경에 나오는 다른 누구의 이름보다 빛이 난다. 내 삶에 그의 기도를 빌려 두고 살아야겠다고 생각했다.

그러나 '야베스의 기도'를 비판하는 사람들은 그를 '이기적'이라고 말한다. 그저 나의 처지를 알아 주시고, 나를 힘들게 마시고, 나를 도우시라고 말하기 때문이란다.

그리스도의 오신 것은 그리스도 자신을 위한 것이 아니요, 이웃을 위한 것이다. 그러므로 그리스도를 닮아 살려는 우리에게는 야베스의 기도가 절실한 것이 아니라는 논리를 펴는 사람도 있다.

이름 참 특이하네,
아나니아와 삽비라

"아나니아라 하는 사람이
그의 아내 삽비라와 더불어 소유를 팔아" – 사도행전 5:1

아나니아(Ananias)는 사도행전에만 세 사람이나 나온
다. 우리가 흔히 알고 있는 아나니아는 그의 아내 삽비라
(Sapphira)와 함께 자기 소유를 팔아 다 바치기로 약속을
하고도 일부를 감추어 두고 이것이 전부라고 거짓을 말하는
바람에 급사한 이들이다.

사도행전 9장에는 다메섹에서 회심한 바울에게 세례를
준 사람이 나오는데, 그 이름이 아나니아다. 사도행전 23장
에서는 대제사장 아나니아의 이름도 발견할 수 있다. 또한

아나니아는 유대인들 사이에서 매우 흔한 이름이며, 외경
(外經)에는 상당히 많은 '아나니아'가 나온다는 설명도 있
다.

솔직히 아나니아와 삽비라 부부 이야기 외에도 다른 '아
나니아'가 성경에 나온다는 사실은 인터넷을 뒤지면서 비
로소 알게 된 일이란 걸 고백하지 않을 수 없다. 성경에 나
오는 수많은 인명과 지명 중에서도 독특한 발음 때문에 신
경이 쓰였지만 막상 성경사전과 인터넷을 뒤져 본 건 이번
연재를 통해 얻은 수확이다.

아이러니하게도 삽비라는 '즐거움'이라는 뜻을 가졌고,
아나니아는 '여호와는 자비로우시다'라는 뜻을 가졌다는
것이 성경사전의 설명이다. 자비로운 여호와의 보호 아래
즐겁게 인생을 살 수도 있었을 이 부부는 하나님과 성도를
속이려 함으로써 비참한 최후를 맞이한 것이다.

『성서대백과사전』(성서교재간행사)은 아나니아와 삽비
라 부부 사건을 설명하면서 "(그들의) 죄는 얼마를 떼어서
감춘 데에 있는 것이 아니다"라고 강조한다. "그들이 가진
전부를 바치는 것처럼 꾸며 사람과 하나님을 모두 속이려고
했던 데에 있다"는 설명이다.

'거짓말 좀 했다고 사람이 그렇게 험악하게 죽어야 하는 가?'라고 의아하게 생각했던 것에 대한 답을 찾은 것이다. 단순히 거짓말 좀 했다고 생각했을 때와 사람과 하나님을 속였다고 했을 때의 느낌은 아주 다르다. 하나님을 속이지 말며 사람을 속이지 말고 살라는 얘긴데, 가슴 뜨끔하지 않은가?

나는 얼마나 많은 거짓으로 사람을 속이고 하나님을 속이며 살고 있는가. 아나니아와 삽비라의 교훈이 두렵지도 않은 것일까. 그들 부부에게 내려진 무서운 징계가 나에게는 일어나지 않을 것이라는 기대감 때문일까.

중학교 때 배웠다,
스도이고와 에비구레오

"어떤 에피쿠로스와 스토아 철학자들도 바울과 쟁론할새
어떤 사람은 이르되 이 말쟁이가 무슨 말을 하고자 하느냐 하고
어떤 사람은 이르되 이방 신들을 전하는 사람인가보다 하니 이는
바울이 예수와 부활을 전하기 때문이러라" – 사도행전 17:18

중고등학교 때 재미있게 공부했던 몇 안되는 과목 중에는 세계사가 있었다. 그와 반대로 국민윤리 시간만 되면 밀려드는 졸음에 정신을 차리지 못했던 기억이 지금도 생생하다. 지금은 교과과정이 많이 달라졌지만 그때 그 시절 세계사와 국민윤리 시간에는 고대철학과 중세철학 등이 공통적으로 나왔었다.

그때 배웠던 기억을 더듬어 보자. 에피쿠르스학파와 스토아학파가 기억나는가. 암기 위주의 주입식 학습으로 이렇

게 머릿속에 집어넣었던 기억이 새롭다. 에피쿠르스학파 –
쾌락주의 – 플라톤 철학의 반동, 스토아학파 – 범신론 –
육체적 쾌락은 허무함.

밑줄을 그어가며 외웠던 기억이 지금도 새롭다. 암기를
통한 주입식 교육의 한계를 보여주는 하나의 사례이기도 하
지만 그건 엄연한 현실이기도 했었다. 그런데 국민윤리 시
간에 배웠던 에피쿠르스학파와 스토아학파가 성경에도 나
온다는 걸 아는 사람은 많지 않을 것 같다.

개역한글판 성경 사도행전 17장 18절에서 에피쿠르스와
스토아는 각각 '에비구레오'와 '스도이고'로 번역되어 있
다. "어떤 에비구레오와 스도이고 철학자들도 바울과 쟁론
할쌔 혹은 이르되 이 말장이가 무슨 말을 하고자 하느뇨 하
고 혹은 이르되 이방 신들을 전하는 사람인가보다 하니 이
는 바울이 예수와 또 몸의 부활 전함을 인함이러라."(개역
개정판 성경은 '에피쿠로스'와 '스토아'로 각각 표기하고
있다) 영어 성경(NIV)은 '에비구레오'와 '스도이고'를
'Epicurean and Stoic philosophers'로 표기했다.

예수 탄생 이전(B.C.)에 이들 학파가 생성되었고 예수 부
활 사건 이후에도 이들 학파는 지속됐으니 전도여행에 나선

바울과 철학자들이 논쟁을 벌인 것이 이상할 것은 없다. 그럼에도 불구하고 중학교 국민윤리 시간에 배운 에피쿠르스학파와 스토아학파의 철학자들과 예수를 전하고 다닌 바울이 서로 논쟁했다는 사실, 에피쿠르스와 스토아를 성경에서 읽을 수도 있다는 사실을 발견한 건 성경을 읽으면서 얻을 수 있는 또 하나의 즐거움이다.

'우림과 둠밈'은 주사위?

우림과 둠밈은 구약 성경 일부에만 나오는 단어이다. 우림과 둠밈에 가장 근접한 것을 오늘날에 굳이 찾자면 주사위가 그것이다. 그러나 우림과 둠밈은 던지면서 놀거나 운수를 점칠 때 사용하는 요즘의 정육면체 주사위와는 거리가 멀다.

히브리어로 '빛과 완전함' 또는 '빛과 진리'란 뜻의 우림과 둠밈은 "특별한 문제에 관계된 하나님의 뜻에 의해서 밝혀지는 신탁매체(神託媒體)"라는 것이 『성경백과사전』의 풀이. '신탁'의 '신'이 '믿을 신(信)'이 아니라 '하나님 신(神)'이라는 것에 주목할 필요가 있다.

사람이 먼저 질문을 하나님께 설명한 뒤에 하나님으로부터 '그렇다' 혹은 '아니다' 식의 결정을 기대한 것이라는 보충 설명이 있다.

성경사전에서 볼 수 있는 '아론의 흉패에 들어 있는 우림과 둠밈의 복제품' 사진은 핸드폰 액세서리처럼 꼬아진 몇 겹의 줄 양 끝에 작은 '패'가 각각 한 개씩 매달려 있다.

우림과 둠밈에 대한 이해는 공동번역 성경을 보면 명확해진다. 공동번역 사무엘상 14장 41절 중에서 "이스라엘의 하느님 야훼여, 만약 그 허물이 저나 제 자식 요나단에게 있다면 우림이 나오게 하시고, 그 허물이 당신의 백성 이스라엘에게 있다면 둠밈이 나오게 하십시오"라는 구절을 볼 수 있다.

이제 우리는 우림과 둠밈은커녕 주사위도 그다지 많이 사용하지 않는다. 주사위는 예전에 하나님의 뜻을 묻는 도구였고 최근까지는 중요한 놀이의 수단이었지만 이제는 더이상 주사위로 놀이를 하는 사람을 보기가 힘들다. 자극적인 컴퓨터 게임이 얼마나 많고 다양한지 주사위는 이제 주변에서 보기조차 힘들어졌다.

　선택의 기로에 섰을 때 '우림과 둠밈'을 가지고 하나님께로부터 예스(Yes) 또는 노(No)의 대답을 들을 수 있다면 이 세상에서 고민할 일은 아마 없을지도 모른다. 안타깝게도 다윗 왕 이후의 선지자들은 사용하지 않아 지금은 전혀 보이지 않는다. 세상 사는 일이 예스 또는 노의 선택만을 요구할 정도로 단순하지 않게 된 까닭도 있지만, 하나님의 결정을 기다리기보다는 슈퍼컴퓨터를 비롯한 첨단 과학기술의 예측에 기대는 것에 더 익숙한 현실이 있을 뿐이다.

'앗수르'와 '앗시리아' 혼동하지 말자

> "앗수르 왕이 이스라엘을 사로잡아 앗수르에 이르러
> 고산 강 가에 있는 할라와 하볼과 메대 사람의
> 여러 성읍에 두었으니" – 열왕기하 18:11

　고교시절 세계사, 특히 고대사는 재미있는 과목인 동시에 외워야 할 것들이 너무도 많아 머리를 혼란스럽게 했던 과목이다. 당시 세계사 시간에 배운 '앗시리아'와 성경에 나오는 '앗수르'가 같은 나라를 말하는 것인지 상당히 혼란스러워했던 기억이 있다. 한창 팝송을 들을 때에는 보니엠이 부른 '리버스 오브 바빌론'이라는 노래에 등장하는 바빌론도 헷갈리긴 마찬가지였다. 성경에 나오는 바벨론과 '리버스 오브 바빌론'의 바빌론이 같은 지역이나 나라를 말하는지 궁금했었다.

앗시리아는 바벨론(표준새번역 성경에서는 '바빌로니아'로 표기된다)이 이스라엘을 무너뜨리기 바로 직전의 왕조를 일컫는데 중학교 세계사 수업시간에는 앗시리아보다 바빌로니아에 대해 더 자세히 배운 기억이 있다. 고고학적으로도 앗시리아의 이스라엘 침공은 검증을 받고 있는 것으로 알려져 있다.

결론부터 말하자면 성경에 나오는 대부분의 '앗수르'는 '앗시리아'를 지칭하는 말이 맞다. 영문으로 보면 'Assyria', 우리말로 바꿔도 '앗시리아'가 맞다. 표준새번역 성경은 개역 성경에서 약 1백40여 차례 나오는 '앗수르'를 모두 '앗시리아'로 고쳐 놓았다. 왜 '앗시리아'로 발음되는 지명을 굳이 '앗수르'라고 번역해서 읽는 사람을 헷갈리게 만들었는지 모를 일이다.

그렇지만 성경에 나오는 모든 '앗수르'를 이스라엘을 침공한 '앗시리아'로 이해해서는 곤란하다. 창세기 25장 3절 단 한 군데에 불과하지만 '앗수르 족속'이라는 언급은 시대적인 배경에서도 짐작할 수 있지만 '앗시리아 족속'을 지칭하는 말이 아니다.

'앗수르 족속'의 영문표기는 'Asshurim'이기 때문에 차이를 금방 알 수 있다. 성경에 단 한 차례 언급되는 이 족속에 대해서는 알려진 바가 많지 않은 듯하다. 『성경백과사전』도 "분명하지 않은 족속인데, 북부 아라비아 사람으로 팔레스타인 남쪽에 산 것 같다"면서 "앗시리아 사람(Assyrian)과 혼동해서는 안 된다"고 지적하고 있다.

보니엠이 부른 '리버스 오브 바빌론'은? 그것도 마찬가지인데, 노래의 가사를 찾아 읽어 보면 금방 알 수 있다. 노래는 "바빌론 강가에 앉아서 우리는 시온(Zion)을 생각하며 울었어요" 이렇게 시작한다. 바빌론에 포로로 잡혀간 이스라엘 백성들이 시온 즉, 예루살렘을 생각하며 안타깝게 울고 있는 상황을 묘사한 노래다.

애굽이 이집트라고?

"애굽 왕 바로에게
이스라엘 자손을 애굽에서 내보내라 말한 사람도
이 모세와 아론이었더라" - 출애굽기 6:27

초등학교, 아니 그 이전부터 교회학교에서 가장 많이 듣고 말했던 나라 이름이 이스라엘이라면 그 다음으로 많이 들었던 나라는 애굽이 아닐까. 눈을 반짝거리며 들었던 모세와 홍해의 이야기는 얼마나 신나고 재미있었던가.

애굽 왕 바로의 손아귀를 벗어나 홍해를 건너던 그 상황은 어린 마음에도 스릴 넘치며 손에 땀을 쥐게 하는 정말정말 재미있는 이야기가 아닐 수 없었다. 그때 등장했던 '나쁜 나라'가 바로 애굽이었고, 조금 큰 뒤에는 성경을 읽으면서 '출애굽기'를 발견할 수 있었다. '출애굽기'라는 네 글자를 곧바로 '애굽을 탈출하는 이야기'라고 해석을 한 뒤에는 스스로 얼마나 대견해 했던지.

그런데 얼마 지나지 않아 애굽이라는 나라는 도대체 어느 구석에 붙어 있기에 세계사에서는 그 이름조차 거론되지 않는지 궁금해졌다. 성경에 나오는 모든 나라가 세계사에 반드시 등장하는 것은 아니지만 이스라엘 민족이 포로 생활을 한 애굽이라는 나라는 '굉장히 강대한 나라'라는 것을 짐작할 수 있었기 때문이다.

후에 우연한 기회로 애굽이 이집트를 일컫는다는 걸 알았을 때 황당해 했던 기억이 새롭다. '이브'와 '하와'가 같은 인물이란 건 금방 알아차릴 수 있었지만 이집트를 애굽으로 번역했다는 건 짐작조차 하기가 어려웠다. 두 단어 사이에는 비슷한 구석도 없을 뿐만 아니라 애굽을 듣고 이집트를 떠올리기란 좀처럼 쉬운 일이 아니었기 때문이다.

이집트가 애굽으로 표기된 것은 전적으로 한자의 영향 때문이다. 애굽을 한자로 표현하면 애굽이 아니라 애급(埃及)이 되는데, 이는 중국어 성경의 영향이라는 것이 신학자들의 설명이다. 장로회신학대학교 구약학 김중은 교수는

"한자 발음 그대로 하는 '애급'이나 희랍어의 영향을 받아 번역된 '애굽'이나 모두 가능한 표현"이라고 말했다. 이집트는 희랍어로 '에귑토스'로 발음되는데, '애굽'은 이같은 희랍어의 영향이라는 얘기다.

애굽이 이집트를 일컫는다는 걸 알게 되면 자연스럽게 떠오르는 것이 모세를 뒤쫓으라고 명령하던 애굽 왕 '바로'이다. 병거를 갖추고 이스라엘 백성을 쫓아와 홍해 이야기를 남긴 그는 이집트의 황제 '파라오'(The King of Egypt, Pharaoh)를 말하는 것이다.

청년이 무엇으로
그의 행실을 깨끗하게 하리이까
주의 말씀만 지킬 따름이니이다
내가 전심으로 주를 찾았사오니
주의 계명에서 떠나지 말게 하소서
내가 주께 범죄하지 아니하려 하여
주의 말씀을 내 마음에 두었나이다
찬송을 받으실 주 여호와여
주의 율례들을 내게 가르치소서
주의 입의 모든 규례들을
나의 입술로 선포하였으며
내가 모든 재물을 즐거워함 같이
주의 증거들의 도를 즐거워하였나이다
내가 주의 법도들을 작은 소리로 읊조리며
주의 길들에 주의하며
주의 율례들을 즐거워하며
주의 말씀을 잊지 아니하리이다

(시편 119:9-16)

성경에는 그리스 로마 신화도 나온다

소돔과 고모라가 어딘지는 며느리도 몰라

출애굽의 악역 '바로'는 누구였을까?

레베카로 다시 태어나는 '리브가'

'제임스'가 예수님의 제자 이름?

'야곱'과 '야고보'는 같은 이름일까?

부자 그리고 낙타와 바늘귀에 얽힌 논쟁

바리새인? 바리새ㅅ?

요나는 '이라크 모술'로 가기를 거부했다

하나님도 이름이 있다. 예호바 여호와 야훼

성경에는
그리스 로마 신화도 나온다

"바나바는 제우스라 하고 바울은 그 중에 말하는 자이므로
헤르메스라 하더라" – 사도행전 14:12

〈한국기독공보〉에서 '성서재발견'이라는 연재를 시작한 뒤 얼마 지나지 않아 "성경에 이런 것도 있다"면서 이런저런 제보를 해오는 독자들이 있었다.

개역한글판 성경에는 '허메'와 '쓰스'라는, 무슨 말인지 알아듣기 쉽지 않은 단어가 나온다. 사도행전에서 언급되는 '허메'와 '쓰스'는 아무리 곱씹어 보아도 무얼 말하는지 쉽게 짐작할 수가 없다. '허메'는 고대 로마 신화에 나오는 헤르메스를, '쓰스'는 제우스를 일컫는 말이다. 개역개정판

성경은 '허메'를 헤르메스로, '쓰스'를 제우스로 각각 고쳐 놓았다.

2004년으로 기억되는데, 한동안 만화로 읽는 『그리스 로마 신화』가 초등학생들을 중심으로 폭넓게 확산돼 언론의 주목을 받았었다. 당시 아홉 살 된 딸이 이 만화책을 너무도 열심히 읽었던 기억이 난다. 그러나 열풍처럼 퍼졌던 만화로 된 『그리스 로마 신화』는 "쉽게 읽을 수 있어 유익하다"라는 평가와 함께 "그림이 너무 선정직이다"라는 등의 엇갈린 평가들이 있었다. 또한 교회 차원에서는 유일신앙관을 해칠 수 있다는 우려가 제기되기도 했다.

어쨌든 엇갈린 평가는 차치하고 그리스 로마 신화의 핵심 인물(神)들인 제우스(Zeus)와 헤르메스(Hermes)가 성경에도 나온다는 사실은 아주 뜻밖의 일이었다.

제우스의 아들 헤르메스를 뜻하는 '허메'는 사도행전과 로마서에서 각각 한 차례씩 언급되었는데, 로마서 16장의 허메는 로마 신화의 '헤르메스'가 아닌 평범한 사람의 이름일 뿐이라고 알려져 있다.

전도여행을 하는 사도 바울과 바나바를 두고 루스드라의 사람들은 바울을 '헤르메스'로, 바나바를 '제우스'라고 말했던 것이다(행 14:12). 전도여행을 하며 그리스도를 전하는 사도들을 처음 본 사람들이 사도들을 여러 토속신(土俗神)들 중 하나로 여겼다는 얘기다.

신화 얘기가 나왔으니 좀 더 살펴보면, 다산을 상징하는 여신 아르테미스(Artemis)는 사도행전 19장에 여러 차례에 걸쳐 언급되고 있다. 아르테미스는 사도행전 19장에서 '아데미'로 표현되고 있다. 개역개정판 한글 성경은 '허메와 쓰스'를 '헤르메스와 제우스'로 각각 고쳐놓았지만 아데미는 아르테미스로 고치지 않고 그대로 두었다.

소돔과 고모라가 어딘지는
며느리도 몰라

"여호와께서 하늘 곧 여호와께로부터 유황과 불을
소돔과 고모라에 비같이 내리사" - 창세기 19:24

롯과 그의 아내와 딸을 제외하고 모든 도시가 불타버린 '소돔과 고모라' 이야기는 '노아의 방주' 이야기보다 훨씬 더 끔찍했고 소름끼쳤던 기억이 지금도 새롭다. 나이가 더 든 뒤에는 '동성연애'에 대한 이야기도 나온다는 사실을 알게 됐지만, 까만 눈망울을 똘망똘망 굴리며 교회학교 선생님의 이야기를 그저 재미있게 듣기만 했었다.

유황불로 도시가 멸망했다는 이야기나 뒤를 돌아보는 것으로 소금 기둥이 되었던 롯의 아내의 이야기는 끔찍한만큼 재미있는 성경이야기였다.

그저 재미있게 성경이야기를 듣는 시기를 지내고 중학생이 되어선 '아틀란티스'라는 사라진 대륙 이야기를 들었다. 아틀란티스는 지금의 지도로 놓고 보면 어디쯤일 것이라는 이야기를 제법 심각하게 할 즈음에 '그러면 소돔과 고모라는 어디쯤일까?' 하는 의문을 갖게 되었다. 좀처럼 풀리지 않는 의문이긴 했지만, 도서관이나 인터넷을 뒤질만큼 절박하지는 않았다.

최근에 와서 인터넷에서 유행하고 있는 '지식검색'의 힘을 빌었더니, 정확하게 알 수는 없지만 일부 학자들은 소돔과 고모라가 중동 사해 인근의 어디쯤에 있었을 것으로 추측하고 있다는 결과가 나왔다.

"이 도시들은 고고학자들이 가장 선호하는 천재지변으로 파괴된 유적이며 화산 폭발로 재 속에 파묻힌 지중해의 테라섬이나 이탈리아의 폼페이를 연상시켜 그 위치를 찾기 위해 몰두해 왔다. 하지만 아직 그 누구도 자신있게 소돔과 고모라의 위치를 밝힐 수 없었기에 역사성이 없는 허구적 신화로 일축되기도 한다. 한편 비교적 얕은 남쪽 사해가 역사시대 이후 생겨났다는 학설에 근거하여 원래 그곳에 소돔과 고모라가 있었는데 북쪽 사해 물이 넘쳐 흘러 들어와서 완전히 물에 잠겼고 지금도 사해 바닥을 발굴하면 불에 타 멸망했던 옛 도시들의 흔적을 찾을 수 있을 것이라는 주장이 제기된 적도 있다"(http://kin.naver.com)

창세기 18-19장에는 소돔과 고모라의 타락상과 하나님의 유황불 심판이 상세히 보도되어 있다. 의인 열 명이 없어서 하늘로부터 유황불이 내려 온 도시가 타버렸다는 것도 기가 막힌 일이지만, 뒤돌아보지 말라는 명령을 지키지 못해 소금 기둥으로 변해 버린 롯의 아내 이야기는 지금 다시 생각해도 소름이 오싹 끼치는 대목이 아닐 수 없다.

출애굽의 악역
'바로'는 누구였을까?

한동안 이집트(애굽)의 고대사를 주제로 한 영화와 소설
이 크게 유행하던 때가 있었다. 소설 『람세스』는 유대민족
을 이끌고 출애굽하던 성경 속의 '모세'와 애굽의 왕 '파라
오'의 이야기가 비교됐기 때문에 재미있게 읽었던 기억이
있다.

소설 『람세스』는 애굽 왕 가운데 가장 뛰어난 왕이라 일
컬어졌던 람세스 2세의 영웅적 일대기를 다룬 작품이다. 성
경이 모세를 중심으로 출애굽에 초점을 맞춘 것과는 달리

소설 『람세스』는 작가의 상상력에 의한 산물, 즉 픽션인 까닭에 파라오의 입장에서 파라오를 영웅으로 그려 내고 있다.

『람세스』의 독자들은 "지금까지의 많은 소설이나 영화에서 등장하는 람세스는 모세와 적대적 관계에 놓여 있어 항상 고집 세고 그 고집으로 말미암아 멸망하게 되는 어리석은 왕으로 묘사되어 왔다. 그들의 영웅인 모세를 중점적으로 다루었기 때문에 상대적으로 람세스가 묻혀져 버린 것"이라고 평가한다.

지금 일어나는 한 가지 사건을 두고도 해석이 분분한 것이 현실인데, 모세와 파라오 같은 역사적 사실이야 사관이나 입장에 따라 '출애굽기'나 소설 『람세스』처럼 전혀 상반되는 결과물이 나오는 것도 무리는 아닐 듯하다.

소설 『람세스』를 얘기하려는 것은 아니다. 출애굽기에 등장하는 애굽왕 '바로'는 특정한 왕의 이름이 아니라 고대 이집트의 황제를 뜻하는 파라오(Pharaoh)였다는 것이다. 그리고 출애굽 당시 모세로부터 열 가지 재앙에 시달려 유대 민족을 내주었던 왕, 파라오의 이름은 '바로'가 아니라 '람세스 2세'였다.

하지만 모세와 대결했던 파라오가 '람세스 2세'라는 것 또한 추측에 불과하다는 것이 『성서대백과사전』의 견해다. 아브라함 이후 애굽의 총리대신에 올랐던 요셉에서부터 모세에 이르기까지 여러 대에 걸쳐 유대 민족과 연관을 맺는 애굽(이집트)의 왕조를 정확하게 일치시키기에는 고고학적 자료가 불충분하다는 설명이다.

교회학교 시절에 "애굽 왕은 바로! 뒤로가 아니라 바로 다" 뭐 이런 설명을 들으며 바로를 '애굽 왕의 이름'으로 기억했었다. 알고보니 바로는 애굽 왕의 이름이 아니라 애굽의 왕들을 통칭하는 '파라오'라는 단어의 한글 번역이었던 것이다.

레베카로 다시 태어나는 '리브가'

"이삭은 사십 세에 리브가를 맞이하여 아내를 삼았으니
리브가는 밧단 아람의 아람 족속 중 브두엘의 딸이요
아람 족속 중 라반의 누이였더라" – 창세기 25:20

창세기 22장부터 35장까지, 그리고 로마서에 한 차례 그
녀에 대한 기록이 나온다. 그녀에 대한 언급은 아브라함의
조카의 딸이라는 사실과 더불어 이삭의 아내가 되기까지의
아름다운 과정으로 창세기 24장에 존재한다.

리브가는 이삭의 아내로 선택을 받은 "아리따운" 처녀로
성경에 등장한다. 아브라함은 그의 집사장 엘리에셀을 고향
에 보내 아들 이삭의 아내를 구해 오게 하고, 고향으로 떠난
집사장은 우물가에서 리브가를 만나고 그녀를 이삭의 아내

로 삼기 위해 아브라함과 이삭에게 데려온다.

아름다운 청년 리브가의 이야기는 교회 청춘 남녀들에게 설레임과 동경으로 다가오는 때가 많은 모양이다. 남자 청년들은 리브가와 같은 여자 청년을 만나기 원하고, 여자 청년들은 본인이 리브가와 같은 축복을 누리기 바라는 마음이 큰 듯하다. 교회 청년들의 이런저런 모임 이름에 유독 리브가가 많이 사용되는 것도 이같은 정서와 관계가 깊다.

교회의 이같은 정서가 반영된 것일까. 몇 해 전에는 '리브가'를 이름으로 하는, 교회 여성을 위한 월간 잡지 「레베카」가 창간되기도 했다.

리브가의 영어 이름은 '레베카(Rebekah)' 또는 'Rebecca'다. 창세기에서는 Rebekah로 표기됐고 신약 성경에서는 Rebecca라고 기록되어 있다.

사실 히브리어 '리브카'가 '레베카'로 변한 건 라틴어와 영어로 번역되는 과정에서 비롯된 것이고, 한글 성경에 '레베카'가 아닌 '리브가'가 살게 된 것은 히브리어(구약)와 헬라어(신약) 성경을 원문으로 번역했기 때문이라는 것은 이 책의 제일 처음에 '하와'와 '이브'를 설명할 때 이미 언급한 바 있다.

또한 야곱(Jacob:제이콥)의 둘째 부인인 라헬(Rachel)의 영어 이름은 '레이첼'이며, 사도 바울의 영어 이름은 폴(Paul)이다. 이처럼 번역의 과정을 거치면서 성경의 인명과 지명에 약간씩 차이가 발생하는 수많은 사례를 찾을 수 있다.

'제임스'가 예수님의 제자 이름?

"또 안드레와 빌립과 바돌로매와 마태와 도마와
알패오의 아들 야고보와 및 다대오와 가나나인 시몬이며"
– 마가복음 3:18

야곱의 둘째 부인 라헬의 영어 이름이 '레이첼' 이었고, 이삭의 아내 리브가는 '레베카' 라는 영어 이름을 가졌다면, 예수님의 열두 제자는 어떤 이름이었을까. 교회학교 초등부 때에 열두 제자의 이름을 친숙한 멜로디에 붙여서 "베드로 안드레 야고보 요한~" 하는 식으로 외웠던 기억이 새롭다.

영어 성경을 한 번만 본다면 금방 알 수 있는 것들이다. 하지만 우리 식으로 알고 있는 열두 제자의 영어 이름은 쉽게 연상되는 것이 있는 반면, 도저히 짐작하기 어려운 것도 있다. 열두 제자 중 베드로는 피터(Peter), 안드레는 앤드류(Andrew), 야고보는 제임스(James), 요한은 존(John), 빌립은 필립(Philip), 바돌로메는 바르톨로메(Bartholomew), 도마는 토마스(Thomas), 마태는 매튜(Matthew), 다대오는 다대우스(Thaddaeus), 시몬은 시몬(Simon), 유다는 주다스(Judas)라는 영어 이름을 갖고 있다. 열두 제자 중 야고보를 제외하면 대부분의 이름들은 영문을 보고 한글 이름을 유추할 수 있을 만큼 유사하다.

야고보의 영어 이름이 제임스(James)인 것은 연결이 매끄럽지 못하다. 한글 성경과 영어 성경은 서로 인명과 지명을 유추할 수 있을 만큼 비슷하지만, 영어 인명과 지명을 한글로 음역한 것은 아니기 때문이다.

야고보의 헬라어 발음은 '야코보스'. 개역한글판 신약 성경은 영어 성경이 아니라 헬라어를 원문으로 음역(音譯) 됐다는 것을 상기한다면, 헬라어 '야코보스'를 우리말로 음역하면서 '야고보'가 됐다는 것을 알아챌 수 있다.

그러면 영역하는 과정에서 어떻게 '야코보스'가 '제임스'라는 엉뚱한(?) 이름이 되었을까. 헬라어 성경을 번역한 영어 성경(KJV)이 헬라어 [이 I]를 모두 [J]로 음역했으며,

헬라어가 라틴어를 거치는 과정에서 영어 이름 제임스(James)가 나오게 됐다는 것이 성경학자들의 설명이다. 대한성서공회 총무 민영진 박사는 "야고보를 제임스(James)라고 쓰는 것은 전적으로 인도·유럽언어에서 생긴 음역상의 변화"라고 말한다.

민 박사는 "중세 영어에서부터 제임스라고 쓰기 시작했고, 이것은 고대 프랑스어에서 음역된 것이고, 그 고대 프랑스어 음역은 후기 라틴어 음역 Iacomus에서 유래한 것이다. 라틴어 음역 Iacomus는 Iacobus의 변형인데, Iacobus에서 Jacob이 나오고, Iacomus에서 James가 나온 것"이라고 명쾌하게 설명한다.

'야곱'과 '야고보'는
같은 이름일까?

"야곱이 이르되 오늘 내게 맹세하라
에서가 맹세하고 장자의 명분을 야곱에게 판지라"
– 창세기 25:33

신약 성경에 등장하는 예수님의 제자 야고보가 영어로는 왜 제임스(James)로 불리는가. 우리말로 번역된 야고보는 헬라어로 '야코보스'인데, 헬라어를 번역하는 과정에서 영어 성경은 [이 I]를 모두 [J]로 음역했다는 것과, 고대 프랑스어 음역 야코무스(Iacomus)에서 제임스(James)가 나온 것이라는 설명을 성경학자로부터 들을 수 있었다.

그렇다면 또 한 가지 의문이 떠오른다. '구약의 야곱과 신약의 야고보는 같은 이름인가' 하는 것이다. 한글로 번역된 두 이름을 보면 어느 정도 연관성이 있을 법도 한데, 영어 성경에서는 아주 다른 이름인 '제이콥(Jacob)'과 '제임스(James)'로 번역되어 있기 때문이다.

이와 관련해서는 일전에 야고보가 제임스로 불리는 데 대해 도움말을 준 대한성서공회 민영진 총무가 역시 매우 간단명료히 설명해 주었다.

민영진 총무는 "야곱과 야고보는 같은 이름의 다른 음역(音譯)"이라고 설명했다. 구약 창세기에 등장하는 '야곱'은 이삭의 아들이자 아브라함의 손자이며, 이스라엘 12지파의 조상이다. '야곱'의 히브리어 발음은 [야아콥(ya'aqob)]인데, 그리스어(헬라어)로는 [야코브(Iakob)]"라고 음역한다 (마 1:2). 이것을 영어 번역들은 [제이콥(Jacob)]이라고 음역한다는 것.

또한 신약에 나오는 세베대의 아들 야고보, 예수님의 형제 야고보, 알패오의 아들 야고보 등은 그리스어로 [야고보스(Iakobos)]라고 쓰는데, 이것 역시 [야코브(Iakob)]의 그리스어 문법 형태에 따른 것이라는 설명이다.

민영진 총무는 이어 "우리말 성경의 번역이 구약의 [야아콥]은 야곱이라 하고 신약의 [야코보스]는 야고보라고 하듯이, 영어 번역들은 구약의 [야아콥]을 제이콥(Jacob)이라고 하고, 신약의 [야고보]는 제임스(James)라고 한다"고 부연했다.

대한성서공회의 설명을 요약하면 구약의 야곱과 신약의 야고보는 같은 이름인데, 구약 성경이 쓰여진 히브리어 발음이 '야곱'이고, 신약 성경이 쓰여진 헬라어의 발음이 '야고보'라는 얘기다. 우리말 성경은 히브리어와 헬라어를 음역하면서 원음에 가깝게 표현된 반면, 영어 성경은 '야고보'를 음역하면서 중세영어의 영향을 받아 '제임스'로 음역한 것에 불과하다는 것이다.

부자 그리고 낙타와 바늘귀에 얽힌 논쟁

"낙타가 바늘귀로 나가는 것이
부자가 하나님의 나라에 들어가는 것보다
쉬우니라 하시니" – 마가복음 10:25

부자가 이 땅에서 정의롭게 살기가 얼마나 어려운 일인지 성경은 낙타와 바늘귀의 비유를 들어 말씀하신다. 부자와 낙타의 비유는 마태복음(19:24)과 마가복음(10:25) 그리고 누가복음(18:25)에서 각각 한 차례씩 모두 세 차례에 걸쳐 반복되는 말씀이다. 부자가 하나님의 나라에 들어가는 것보다 낙타가 바늘귀로 들어가는 것이 더 쉽다는 얘기다.

성경을 읽지 않은 사람이라도, 기독교인이 아니라고 하더라도 '상식' 차원에서 알고 있는 이 말을 두고 한때 인터넷이 뜨겁게 달아오른 적이 있다. 이른바 '지식검색'이 인터넷 유행을 주도하면서 낙타 그리고 바늘귀를 둘러싼 네티즌의 관심이 높아졌던 것이다.

네티즌들의 공방으로 일단 내려진 결론은 오역(誤譯). 발터 그래머 외 2인의 공저 『상식의 오류 2』라는 책을 근거로 "번역자가 아랍어의 원어 'gamta(밧줄)'를 'gamla(낙타)'와 혼동한 것이기 때문에 밧줄이 바늘귀를 통과하는 것이 부자가 하늘나라에 들어가는 것보다 쉽다가 옳을 것"이라는 얘기. 인터넷에서는 이 결론이 거의 정설처럼 받아들여지고 있다.

그러나 '밧줄과 낙타를 혼동한 오역'이라는 인터넷상의 결론은 잘못되었다는 것이 기독교계의 일반적인 정서다.

"이런 종류의 질문이 대한성서공회에도 온 적이 있었다"고 하면서 "이 비유를 '좁은 문(마 7:13-14)'에 관한 다른 비유에 접근시키려는 시도들은 이 비유를 곡해한 것"이라는 것이 대한성서공회의 입장이다. '그리스어에서 낙타와 밧줄의 두 낱말은 발음이 비슷해 혼동한 것'이라는 설명이나 '바늘귀는 한 사람이 겨우 지나갈 수 있는 성벽의 작은 출입구를 지칭한다'는 해석은 '잘못된 시도'라는 것이다.

(『목회자와 신학생을 위한 해설 관주 성경전서 개역한글판』, 대한성서공회, 1997)

비자금이 어쩌고 강남의 아파트 값이 저쩌고…. 연일 부자와 관련된 뉴스가 헤드라인을 장식하는 이때, 교회에는 분명 부자도 가난한 사람도 함께 신앙생활을 하고 있다. 낙타면 어떻고 밧줄이면 또 어떻겠는가만, 성경은 분명 '낙타'라고 지칭했다는 명확한 답변이 있지 않은가! 황금만능의 시대에 크리스천은 어떻게 사느냐의 문제에 더 큰 관심을 갖는 것이 중요한 일이다.

바리새인? 바리새ㅅ?

"안식일에 예수께서
한 바리새인 지도자의 집에 떡 잡수시러 들어가시니
그들이 엿보고 있더라" – 누가복음 14:1

성경에서 '바리새인' 또는 '바리새파 사람'의 표현으로 나오는 이 사람들의 이미지는 매우 부정적이다. 약자들의 편에서 파격적으로 행동하셨던 예수는 이 사람들을 유난히도 싫어했고, 그들은 '어떻게 하면 예수를 없애버릴 수 있을까' 기회를 만들기에 여념이 없었다.

바리새인. 영어 성경은 이 사람들을 '종교적 형식주의자'라는 의미의 패리시(Pharisees)로 표현하고 있으며, 헬라어로는 '파리사이오이'로 발음된다. 개역한글판 성경이 헬라어 성경을 원문으로 음역했다는 점을 상기하면 어렵지 않게 상상할 수 있는 발음이다. '바리새인' 사람이 아니라 '바리새' 사람이라는 얘기다.

『성경백과사전』은 '바리새인'을 주제로 상당히 많은 분량을 할애하고 있다. 이에 따르면 바리새인은 "신구약 시대를 통해 유대인에게 가장 유력했던 한 종파(宗派)"다. 구약 성경을 읽을 때 어렵게 느껴지는 분야가 바로 율법에 관한 부분이다. 수없이 많은데다 하찮게 보이는 규정처럼 느껴지는 율법까지도 바리새인들은 엄격하게 지키고 세세하게 고수한 것으로 유명하다.

오늘날에도 일부 유태인들은 율법을 정확하게 지키는 것으로 알려져 있는데, 문헌에 따르면 현대에도 '전통'을 지키는 바리새인들이 있다고 한다.

지금도 이스라엘 성지를 여행하면 율법을 지키며 사는 현대 유태인들을 어렵지 않게 볼 수 있다. 외국인 관광객을 대상으로 하는 호텔 식당에서도 소고기는 우유나 치즈 등의 부산물과 함께 내놓지 않으며, 거리에는 '키퍼'라고 하는 작은 모자와 검은 중절모자를 겹쳐 쓰고 검은 정장에 흰 술을 늘어뜨린 옷을 입은 정통 유태인들을 만날 수 있다.

법을 정확하게 지킬 뿐 아니라 사람들이 하찮게 생각하는 규정까지도 조목조목 따져서 철저하게 지키는 사람들인데도 예수는 왜 이 사람들을 보고 '독사의 자식들' 혹은 '독사의 새끼들' 이라는 거친 말로 질책하고 '지옥의 심판을 피할 수 없을 것' 이라고 했을까. 형식에 지나치게 얽매였을 뿐 '마음' 에서 우러나오는 행동이 없었기 때문이 아니었을까.

그러나 오늘날에도 그 어렵고 힘든 율법을 지키며 사는 유태인들을 대하는 기독교인들 중에는 '하나님을 사랑하는 그들만의 표현방식' 이라는 평가를 내리는 사람도 있다.

요나는 '이라크 모술'로 가기를 거부했다

"니느웨 사람들이 하나님을 믿고 금식을 선포하고
높고 낮은 자를 막론하고 굵은 베 옷을 입은지라" - 요나 3:5

지난 2003년에는 미국의 이라크 전쟁과 한국의 이라크 파병 문제로 나라 전체가 술렁거렸다. 우리나라의 이라크 전투병 추가 파병을 둘러싼 찬반 양론이 국론분열의 양상마저 보였으며, 결국은 평화 유지를 위한 자이툰부대가 파병되는 것으로 결론이 내려졌다.

파병 논의가 본격화되면서 뉴스에 가장 많이 등장한 곳이 이라크 모술이었다. 티그리스 강 서안(西岸)에 위치한 인구 57만 명의 이라크 제2의 대도시 모술은 북부 이라크 경제의 중심으로 알려져 있다. 지난 1939년 유전이 발견된 후 석유 개발 기지 및 교통의 요지로 급속한 발전을 이루었으며, 철도와 도로는 수도 바그다드는 물론 인접한 터키와 시리아까지 통하고 있다.

그런데 지금의 이라크 모술이 성경에 나오는 니느웨 지역이라는 사실을 아는 사람은 그리 많지 않은 듯하다. "모술은 이라크의 니나와주(州)의 주도(州都)로 고대 아시리아 왕국의 수도 니네베의 유적이 많고, 주민은 쿠르드족이 대부분"이라는 것이 모술에 대한 백과사전의 설명이다.

니느웨로 가라는 하나님의 명령을 받고 다시스로 도망가던 요나는 결국 니느웨로 가서 "회개하지 않으면 니느웨가 무너지리라"라고 외쳤다. 요나의 말을 들은 큰 성읍 니느웨의 백성들은 하나님을 믿고 금식을 선포하고 무론 대소하고 굵은 베를 입었고, 왕(들리매)까지도 보좌에서 내려와 조복을 벗고 굵은 베옷을 입고 재에 앉아 회개했다. 왕과 온 백성이 여호와께 힘써 부르짖어 회개했으므로 하나님은 니느웨에 재앙을 내리지 않으셨다(욘 3장).

알려진 바에 따르면 아직도 모술에는 '요나'라는 이름을 가진 이들이 많다고 한다. 현지에서 활동한 선교사들은 성경에 더 이상 니느웨의 뒷이야기가 전해지지 않고 있지만 요나는 니느웨에서 생을 마감했으며, '요나'라는 이름을 가진 이들이 아마도 선지자 요나의 후손이 아닌가 추측하고 있다고 전한다.

결국 하나님의 명령에 순종하여 니느웨로 들어가 말씀을 전한 요나는 니느웨를 구했다. 한국의 군인들이 니느웨(모술)로 들어가는 일은 비록 현실이 되지 않았지만, 무너지는 니느웨를 요나가 구했듯이 한국의 자이툰부대가 이라크에 평화를 가져다주기를 기대한다.

하나님도 이름이 있다.
예호바 여호와 야훼

"너희는 여호와 우리 하나님을 높이고 그 성산에서 예배할지어다
여호와 우리 하나님은 거룩하심이로다" – 시편 99:9

하나님도 이름이 있을까. 사실 하나님에게 이름이 있고 없고는 그다지 중요한 것이 아니지만, 궁금한 건 어쩔 수 없는 일이다. 개역 성경에서 하나님을 일컫는 말은 '주', '여호와', '야훼', '하나님' 등 여러가지 말로 나타난다.

『성경백과사전』은 하나님의 이름이 본래 '신성 4문자'라고 알려진 YHWH 네 음절이었다고 밝히고 있다. 유대인들은 하나님의 이름을 너무도 거룩하게 여겨 소리 내어 읽지도 않았으며, 모음이 없이 자음 네 글자로만 되어 있어 어떻

게 읽는지도 알 수가 없었다고 한다. 그런데 후대의 학자들이 네 글자의 자음에 주(LORD)의 히브리어 음역인 '아도나이'의 모음인 e, o, a 를 결합시켜 YeHoWah(예호바:여호와)라 읽었으며, 하나님(God)을 부르는 '엘로힘'의 모음 e, o, i 를 결합시켜 YeHoWih(예호위)로 읽었다.

백과사전에 따르면 신학자들 중에는 인위적으로 '여호와'라고 읽는 것보다는 '신성 4문자'인 YHWH를 그대로 읽어 '야훼'로 발음하는 것이 더 맞다고 주장하는 이들도 있으며, 이것이 통상 받아들여지고 있다.

성경에 나타나는 하나님의 또 다른 이름인 여호와 이레(준비하시는 하나님), 여호와 라파(치료하시는 하나님), 여호와 닛시(승리의 하나님), 여호와 샬롬(평강의 하나님), 여호와 삼마(함께하시는 하나님) 등은 비교적 널리 알려진 하나님의 이름이며, 이 밖에도 여호와 치드케누(의롭게 하시는 하나님) 등 성경에도 단 한 차례만 언급된 하나님의 이름도 있다.

한때는 여호와라는 이름을 입에 올리는 것조차 금지된 때가 있었을 정도로 사람들에게 하나님의 이름은 거룩하고 두려운 대상이었다는 것이 여러 백과사전과 자료들의 공통

된 해설이다. 야훼라고 발음해야 한다거나 여호와로 읽을
수 있다거나 하는 건 그다지 중요한 것이 아닌 것 같다.

기도하면서 거리낌 없이 "하나님, 저 이런 일 있었는데
요…." 하고 부르며 투정을 부리거나 떼를 쓸 수 있다는 사
실에 감사하는 게 더 중요한 일이 아닐까.

삼손과 들릴라? 데릴라? 딜라일라!

연예인의 대명사 탤런트의 원조, 달란트

노동자의 하루 품삯, 데나리온

가난한 과부의 단돈 두 푼, 렙돈

정확하게 명령하시는 하나님, 규빗

로뎀나무는 사실 싸리나무?

나를 정결하게 만드는 허브, 우슬초

제주도에서도 볼 수 있는 종려나무

블레셋은 사라지고 팔레스타인만 남았네

영화 메트릭스에도 출연한 '느부갓네살'

삼손과 들릴라? 데릴라? 딜라일라!

"들릴라가 삼손에게 자기 무릎을 베고 자게 하고
사람을 불러 그의 머리털 일곱 가닥을 밀고 괴롭게 하여 본즉
그의 힘이 없어졌더라" – 사사기 16:19

"당신의 그 엄청난 힘은 어디서 나오죠? 어떻게 하면 당신을 묶어 꼼짝 못 하게 할 수 있는지 말해 주세요"(표준새번역 삿 16:6).

들릴라는 사사기 16장에만 나오는 여인인데, 성경에 나오는 삼손과 그녀의 대화는 지금 생각하면 유치할 정도다. 아무리 사랑하는 애인에게 눈이 멀었다고 하더라도 그렇게 노골적으로 나오는 여자에게 "나의 머리는 면도칼을 대어본 적이 없는데, 이것은 내가 모태에서부터 하나님께 바쳐

진 나실 사람이기 때문이오. 내 머리털을 깎으면, 나는 힘을 잃고 약해져서, 여느 사람처럼 될 것이오"라고 말할 수 있는 것인지, 이해하기 힘든 대목이 아닐 수 없다.

삼손의 연인 들릴라의 영어 이름은 딜라일라(Delilah), 우리의 귀에 익은 팝송에도 그녀의 이름이 등장한다. 톰 존스(Tom Jones)가 부른 '딜라일라'가 그것인데, 이 노래를 대중가수 조영남 씨가 리메이크해 불러 우리 귀에도 익숙한 노래다. 이 노래 가사의 인물도 삼손의 연인 들릴라를 연상시킬 정도로 방탕한 여자로 등장한다.

『성서백과사전』이 언급하는 '들릴라'에 대한 설명은 극히 짧다. 히브리어로도 그녀의 이름은 들릴라로 발음되는데, 그녀의 행동처럼 이름 또한 '요염하다'는 뜻을 갖고 있단다. 그 이름처럼 그녀는 '고급 창녀'로 설명되고 있다. 사사기에는 그녀가 삼손의 비밀을 알아낸 뒤 블레셋 족장에게 은전을 상금으로 받은 것으로 되어 있다.

자신의 성적 매력을 정치적인 목적에 사용하고 돈을 챙긴 것으로 보아 '고급 창녀'라는 설명이 가진 또 다른 의미를 짐작케 한다. 현대 전쟁에서도 자신의 미모를 이용한 여성 스파이가 활동했던 것을 생각하면 비슷하지 않을까.

성경에는 들릴라 또는 Delilah(딜라일라)가 그녀의 본명이지만, 문학과 예술에서의 그녀는 '데릴라' 라는 조금 다른 이름을 갖는다. 삼손과 들릴라의 성경 이야기는 '삼손과 데릴라' 라는 오페라와 영화로도 잘 알려져 있는데, 여자를 경계하라는 내용을 담고 있는 경우가 대부분이다.

연예인의 대명사
탤런트의 원조, '달란트'

"두 달란트 받았던 자도 와서 이르되 주인이여
내게 두 달란트를 주셨는데 보소서
내가 또 두 달란트를 남겼나이다" – 마태복음 25:22

본래 '달란트'는 중량의 한 단위였다는 것이 백과사전의 공통된 설명이다. 어원은 그리스어 탈란톤(talanton)인데, 고대에는 저울눈이나 화폐의 단위였다는 것.

성경에는 달란트 외에 많은 중량 단위가 나온다. 10게라는 1베가, 2베가는 1세겔, 50세겔은 1므나, 60므나는 1달란트(약 34킬로그램)라는 것이 『성경백과사전』의 설명. 2진법과 50진법, 60진법 등이 혼용된 이같은 중량 단위는 지금처럼 정확한 것이 아니어서 지역별로 또 시대별로 약간씩의 차이가 난다. 인터넷에서는 "신약에서 금 1달란트는 약 20 킬로그램으로 근로자 20년치 임금"이라는 설명도 볼 수 있다.

『성경백과사전』은 그러나 "성경에 나오는 도량형들은 미터법으로 정확하게 나타낼 수 있는 것이 하나도 없다. 여러 증거들에 의해 대략적인 값을 환산할 수 있을 정도"라고 설명한다.

중량의 한 단위였던 달란트는 오늘날 연예인을 통칭하는 '탤런트'로 그 의미가 변형되어 사용되고 있다. 연예인들은 오락적 재능을 발휘하여 인기를 먹고 사는 사람들이지만 연예인이 아니더라도 사람들은 저마다 이런저런 재능을 가지고 있으니 유독 연예인들에게만 탤런트라 부르는 것은 못마땅하다. 하지만 어쩌겠는가. 사회적으로 그렇게 부르고 있으니 따를 수밖에.

영어를 처음 배우면서 공부하게 되는 재능을 뜻하는 단어 'Talent'도 이 달란트에서 유래하는 것임을 알 수 있다. 영어 성경도 다섯 달란트를 'Five Talents'로 표현하고 있다.

성경의 달란트 비유는 너무나도 유명해서 비기독교인들

도 자주 인용하는 것을 볼 수 있다. 교회학교 시절 목사님은 "다섯에서 하나까지 각각 다른 분량의 달란트를 종들에게 나누어주었다는 것은 우리가 각각 다른 재능을 갖고 태어나는 것과 다르지 않다"라고 설교하셨던 기억이 난다.

그런데 고작 1달란트가 신약시대에는 근로자의 20년치 임금이며, 구약시대에는 금 34킬로그램이었다니 놀랍지 않을 수 없다. 구약시대의 금 1달란트는 우리 돈으로 환산하면 수억 원에 달하는 어마어마한 돈이기 때문이다. '내게는 왜 고작 한 달란트밖에 재능을 주시지 않았을까' 하고 지금도 때때로 원망하는 내 모습이 부끄럽다.

노동자의 하루 품삯, 데나리온

"이 향유를 삼백 데나리온 이상에 팔아
가난한 자들에게 줄 수 있었겠도다 하며
그 여자를 책망하는지라" – 마가복음 14:5

몇 해 전 연말즈음에 한 유명한 인터넷 신문에서 포도원
에서 일한 노동자들이 한 데나리온씩 받는 성경의 비유를
기사에 빌려 쓴 것이 눈길을 잡았다.

기사의 요지는 다른 데 있었지만 성경이 하루 일한 노동
자나 한 시간 일한 사람이나 모두 한 데나리온을 받는 것이
옳다고 말하고 있으며, 이것은 한 시간밖에 일하지 않았다
고 해서 일한 시간 만큼의 품삯만을 받는다면 당장 그 날의
생계가 곤란해질 상황을 의미하는 것이라는 대목에 눈길이

끌렸다.

데나리온(Denarion)은 주전 209년부터 주후 215년까지 발행된 은화로 알려져 있으며, 신약 성경에서 가장 많이 언급된 화폐 단위다. 인터넷 신문기자가 빌려 쓴 마태복음 20장에 나오는 포도원 품꾼들의 비유에서 보여지는 것처럼, 한 데나리온은 일용직 근로자의 하루 품삯이었으며, 하루치 최저 생계비에 해당한다는 것이 일반적인 해석이다.

일용직 근로자의 하루치 품삯에 해당했다는 데나리온은 또 다른 화폐의 가치를 가늠하는 중요한 기준화폐가 됐다는 주장도 있다. 마태복음 18장에 나오는 1만 달란트 빚진 사람이 빚을 탕감받은 후에 1백 데나리온 빌려 준 사람을 만나 용서하지 않은 사건이며, 선한 사마리아인이 강도 만난 사람을 여관에 데려다 주고 여관 주인에게 지불한 금액이 두 데나리온이었다는 것 등이 그렇다.

한 달란트가 근로자의 20년치 임금에 해당한다고 했으니, 자신은 20만 년치 임금에 해당하는 금액을 탕감받고도 자신에게 100일치 임금에 해당하는 돈을 빌려 간 사람을 용서하지 않았다고 해석하면 이해가 훨씬 빠르다. 또 여관비로 두 데나리온을 지급했다는 걸 보면 그때나 지금이나 여관의 숙박 비용은 엇비슷했던 모양이라고 이해가 된다.

예수에게 3백 데나리온도 더 나가는 값비싼 향유를 부은 여인의 이야기는 더 기가 막힌다. 3백 데나리온이라면 근로 자의 1년치 봉급에 해당할 테니, 대략 2-3천만 원쯤으로 이해하면 되지 않을까 싶다. 영어 성경도 이 부분에 대해서는 '1년치 임금(a year's wages)'과 '3백 데나리온(over three hundred denarion)' 등으로 표현하고 있다.

가난한 과부의 단돈 두 푼, 렙돈

"한 가난한 과부는 와서 두 렙돈 곧 한 고드란트를 넣는지라"

– 마가복음 12:42

달란트, 데나리온과 함께 성경에 등장하는 화폐의 단위 중에서 우리가 기억할 만한 것이 또 있다. 마가복음 12장에 등장하는 '과부의 두 렙돈' 이야기의 '렙돈'이 그것이다. "예수께서 헌금함을 대하여 앉으사 무리가 어떻게 헌금함에 돈 넣는 것을 보실새 여러 부자는 많이 넣는데 한 가난한 과부는 와서 두 렙돈 곧 한 고드란트를 넣는지라(막 12:41- 42절)".

『성경백과사전』은 "유대인들 사이에서 통용되었던 가장

작은 단위의 구리나 청동으로 만든 주화"라고 설명하고, 인터넷 백과사전은 여기에다 '적은'이라는 뜻도 갖고 있다고 덧붙이고 있다.

'렙돈'은 헬라어 발음을 우리말로 그대로 옮긴 것이며, 영어 성경은 '매우 작은 동전' 또는 '두 푼(two mites)'으로 기록하고 있다. 렙돈을 지금 우리시대의 화폐가치로 따지는 것은 거의 불가능에 가까울 수도 있겠지만, 백과사전은 4분의 1센트(미화)에 해당된다고 밝혀 놓았다. 1센트를 우리 돈으로 따지면 12원쯤 될 테니 한 렙돈은 약 3원, 그러니까 과부의 '두 렙돈'이라면 약 6원이라는 얘기다.

주일 아침 교회학교에 가는 딸 아이 둘에게 각각 천 원씩을 헌금으로 주는 나의 경우를 빗대어 본다면 당시 과부가 헌금을 하면서 얼마나 괴로워했을지 짐작이 간다. 성경은 '두 렙돈'이 과부의 생활비 전부라고 했으니, 지금의 화폐가치로 따져서 그녀의 두 렙돈을 6원으로 볼 수는 없을 것 같다. 그러나 누가 보아도 하찮은 금액이었을 것은 분명하고, 생활비 전부가 하찮은 금액이었다니 그녀의 궁핍한 생활 또한 상상하기 어렵지 않겠다.

우리나라가 경제적으로 성장을 이루어 어느 정도 잘 살

게 되었다고는 하지만 우리 주위에는 여전히 상대적 빈곤에 시달리는 사람들이 있고, 교회도 예외는 아니다. '과부의 두 렙돈'과 같은 헌금을 하는 성도들이 있을 것이라는 얘기다. 마가복음의 이 이야기는 오늘날 교회의 헌금이 왜 소중하게 쓰여져야 하는지를 간접적으로 강조하는 얘기일지도 모른다.

주일학교에서 선생님에게 '과부의 두 렙돈' 이야기를 듣던 시절, 엄마가 주신 헌금을 연보통에 넣으면서 '내가 하는 헌금도 과부의 두 렙돈처럼 작은 돈이겠지만, 하나님이 기뻐하시겠지….' 그런 교만한 생각을 가졌던 기억이 지금 다시 새롭다.

정확하게 명령하시는 하나님, 규빗

"네가 만들 방주는 이러하니 그 길이는 삼백 규빗,
너비는 오십 규빗, 높이는 삼십 규빗이라" - 창세기 6:15

천지창조 후 세상을 멸하시기 전, 하나님은 노아에게 방주를 만들 것을 지시하시면서 방주의 크기를 알려 주셨다. 창세기 6장 14-16절에서 하나님은 이렇게 말씀하셨다. "너는 고페르 나무로 너를 위하여 방주를 만들되 그 안에 칸들을 막고 역청으로 그 안팎에 칠하라 네가 만들 방주는 이러하니 그 길이는 삼백 규빗, 너비는 오십 규빗, 높이는 삼십 규빗이라 거기에 창을 내되 위에서부터 한 규빗에 내고 그 문은 옆으로 내고 상 중 하 삼층으로 할지니라"

성경을 꼼꼼히 읽은 사람이나, 그렇지 않다 하더라도 인 터넷으로 성경을 검색해 본 사람은 규빗(cubit)이 노아의 방주에서만 사용된 것이 아니라는 것을 알게 된다. 창세기는 물론 출애굽기와 민수기, 여호수아, 역대상·하, 열왕기 상·하, 에스더, 예레미야 등 구약 성경 전반에서 크기를 설명할 때마다 사용된 것을 알 수 있다.

성경사전에 따르면 규빗은 히브리인들이 사용하던 길이의 단위로 팔꿈치에서 가운데 손가락 끝까지의 길이로 한 규빗은 약 45센티미터를 말하는 것이다. 어원을 따지면 라틴어 '큐비툼(cubitum)'에서 왔으며, 이집트에서도 비슷한 척도가 사용되었을 것이라고 추정하고 있다.

하나님이 가르쳐 주신 노아의 방주는 그 크기가 길이 삼백 규빗, 폭이 오십 규빗이었으니 1 규빗을 45센티미터로 환산하면 길이가 135미터에 폭이 22.5미터에 달하는 상당히 큰 규모였음을 짐작할 수 있다. 그런데 영어 성경(NIV)은 이 규빗을 피트(feet)로 표기하고 있다(KJV는 규빗으로 표기)는 사실이 흥미롭다. "길이가 450피트, 폭은 75피트, 높이는 45피트" 이런 식이다. 450피트는 137.16미터이고 75피트는 22.86미터이니 영어 성경(NIV)는 규빗을 자신들이 쓰는 도량형인 피트로 환산해 번역한 것을 알 수 있다.

그러나 백과사전들은 달란트나 데나리온에서처럼 규빗을 오늘날 약 45센티미터로 추정하는 것 또한 정확한 것은 아니라는 설명을 덧붙이고 있다. 규빗은 적게는 41센티미터에서 많게는 52센티미터까지 넓은 범위에서 추정되는데, 그것이 몇 센티미터를 말하는 것이었는지는 성경학자나 고고학자들에게나 중요한 것일 테다.

구약의 하나님은 규빗과 같은 도량형으로 구체적이고 정확하게 명령하시는 분이었다는 사실을 상기하는 것이 더 중요한 듯하다.

로뎀나무는 사실 싸리나무?

"로뎀나무 아래에 누워 자더니 천사가 그를 어루만지며
그에게 이르되 일어나서 먹으라 하는지라" - 열왕기상 19:5

최근 교회마다 유행하는 이런 저런 모양의 카페에 가장 많이 붙여진 이름은 아마도 로뎀나무가 아닐까. '로뎀나무'는 카페뿐 아니라 교회 행사나 각종 모임에서도 가장 흔하게 사용되는 단어 중 하나. 기독교인들이 경영하는 사업체에는 로뎀나무를 사용한 상호도 흔하게 볼 수 있다.

열왕기상 19장 4-5절에는 선지자 엘리야가 홀로 바알과 싸워 이긴 후에 호렙 산으로 가는 도중, 이 나무 아래서 피곤한 몸을 쉬는 장면이 나온다. "자기 자신은 광야로 들어가 하룻길쯤 가서 한 로뎀나무 아래에 앉아서 자기가 죽기를 원하여 이르되 여호와여 넉넉하오니 지금 내 생명을 거두시옵소서 나는 내 조상들보다 낫지 못하나이다 하고 로뎀나무 아래에 누워 자더니 천사가 그를 어루만지며 그에게 이르되 일어나서 먹으라 하는지라".

백과사전에 따르면 로뎀나무는 높이 2-3미터이며, 바늘 모양의 잎을 갖고 있으며, 꽃은 백색으로 이른 봄에 핀다. 긴 타원형의 열매를 맺는데, 팔레스타인 등지의 사막의 구릉이나 암석지대, 특히 사해 부근에서 번성하고 그늘을 내며 크게 자라는 콩과의 관목이라고 설명한다. 사막이나 암석 지대에서 볼 수 있는 나무이기 때문에 우리나라에서는 볼 수 없는 나무라는 얘기다.

그런데 로뎀나무의 영어 이름은 '로뎀'이 아니고 '브룸(broom)'이다. 영어 성경은 이 나무를 'Broom Tree'(NIV)와 'Juniper Tree'(KJV)로 표현하고 있으며, 한글개역 성경이 '로뎀나무'로 표현한 것은 히브리 이름인 로뎀(rothem)을 그대로 표기했기 때문이다. 주목할 만한 것은 공동번역 성경이 로뎀나무를 '싸리나무 덤불'로 표기하고 있다는 것이다.

바알과 아세라의 선지자 8백50명과 싸운 여호와의 선지자 엘리야가 피곤에 지쳐 광야에서 죽기를 각오하고 누웠다가 새 힘을 얻은 곳이 로뎀나무 그늘이다. 그래서 로뎀나무 그늘을 우리나라의 널찍한 느티나무 그늘쯤으로 상상했는데 그게 아니란다. 인터넷에서 검색하거나 백과사전에서 찾아지는 사진에서도 볼 수 있듯이 우리나라의 식물로 치면 정말 싸리나무 정도 밖에는 되지 않는 듯 보이는데, 황량한 사막인 광야에서 자라는 나무라는 점을 고려한다면 그 정도 그늘이라도 쉴 만했을 것 같다는 생각도 든다.

나를 정결하게 만드는 허브, 우슬초

"우슬초로 나를 정결하게 하소서 내가 정하리이다
나의 죄를 씻어 주소서 내가 눈보다 희리이다" – 시편 51:7

우슬초는 신약과 구약에서 여러 차례 등장하는데, 그 중에서도 가장 유명한 구절은 시편 51편 7절이 아닐까. "우슬초로 나를 정결하게 하소서 내가 정하리이다 나의 죄를 씻어 주소서 내가 눈보다 희리이다".

'초'가 붙은 걸 보면 어떤 식물의 이름 같긴 한데, 도대체 어떤 식물이기에 나를 '정결하게' 할 수 있다는 것일까. 나를 정결하게 할 수만 있다면 나도 그 풀을 뜯어 달여 마실 수는 없을까.

인터넷 검색으로 얻은 일반적인 정보는 이렇다. "우슬초는 돌작밭에 자라는 키가 약 40-60센티미터 되는 관목이다. 향기로운 냄새를 내는 잎을 음식의 향미료로 쓰고 있다. 그 가루는 깨소금과 합하여 빵에 뿌려서 먹기도 하고 가루에 감람유를 섞어서 먹기도 한다(www.in-club.net)."

이 정도의 정보로는 '나를 정결하게 할 만한 식물'에 대한 설명으로는 부족하다. 또 다른 검색에서는 "이스라엘 사람들이 정결 의식을 행할 때, 이 향초 묶음에 물을 묻혀 뿌리면서 악귀와 재앙을 물리쳤다"는 설명을 얻을 수 있었다. 『성경백과사전』의 설명도 이와 크게 다르지 않는데, 이런 설명을 종합한다면 우슬초는 향을 내는 풀의 일종으로, 이스라엘 사람들이 정결 의식을 행할 때 사용했다는 얘기가 된다.

그렇다면 우슬초는 얼마 전 한창 인기를 끌었던 허브가 아닐까?

그렇다. 영어로 우슬초는 히솝(Hyssop, 영어 성경도 이 단어를 사용하고 있다)이며, 히브리어로는 에조프(Ezop)로 발음되는 허브의 일종이다. 허브 전문가에 따르면 우슬초는 서유럽과 중동지방에서 볼 수 있는 꿀풀과의 다년생 식물이며, 푸른색이나 보라색을 띠는 꽃이 뾰족한 세모꼴로 5-7개가 같이 나온다. 주로 향신료로 사용되며 기침과 소화를 위한 혼합차의 재료로 이용되는데, 특별한 부작용은 없는 것으로 알려져 있다.

지금이 구약의 시대도 아니고, 우슬초를 찾아 차로 마시거나 향신료로 사용하는 것은 나를 정결케 하는 데 크게 도움은 되지 않을 듯하다. 경건과 절제의 삶을 살며 예수를 닮기 위해 노력하는 길 외에 다른 길이 있으랴.

제주도에서도 볼 수 있는 종려나무

"종려나무 가지를 가지고 맞으러 나가 외치되
호산나 찬송하리로다 주의 이름으로 오시는 이
곧 이스라엘의 왕이시여 히더라" – 요한복음 12:13

예상외로 종려나무는 신약 성경에는 단 두 차례만 나온다. 요한복음 12장 13절에서는 예수께서 나귀를 타고 예루살렘에 입성할 때에 유대인들이 종려나무 가지를 들고 환영하는 모습을 볼 수 있다.

또 한 곳은 요한계시록 7장 9절. 큰 무리가 종려나무 가지를 들고 '보좌 앞'과 '어린 양' 앞에서 큰 소리로 "구원하심이 보좌에 앉으신 우리 하나님과 어린 양에게 있도다"라고 외치는 모습이다.

왜 유대인들은 예루살렘으로 입성하는 예수를 환영하는 일에 종려나무를 들고 나온 것이며, 그때의 그 종려나무는 지금 우리나라에서도 볼 수 있는 것인가.

유대인들이 종려나무를 가지고 예수를 환영했던 이유는 여러 문헌을 찾아봐도 속 시원히 풀리지 않았다. 그러나 그 종려나무를 지금 우리나라에서도 볼 수 있느냐는 질문에는 확실하게 '그렇다'고 말할 수 있다. 종려나무는 야자나무과에 속하는 다년생 식물이기 때문에 우리나라에서는 유일하게 제주도에서 볼 수 있다. 예전에 봤던 영화에서도 유대인들의 손에 들렸던 것이 야자나무 잎과 비슷했던 기억을 떠올릴 수 있다.

그렇지만 야자나무라고 해서 수박보다 조금 작고 배보다는 조금 큰 야자열매를 상상해서는 안된다. 성경에 나오는 종려나무는 히브리어로 '타마르(tamar)'인데, 이 나무에는 우리나라의 대추와 비슷한 작은 열매가 달리기 때문에 '대추야자나무'라고도 불리기 때문이다.

영어 성경도 종려나무를 'palm tree' 또는 'palm branches'로 동일하게 표기하고 있는 것을 볼 수 있다.

그렇다면 왜 유대인들은 종려나무를 들고 예수를 환영했

을까. 여러 가지 해석과 상상력을 유발시키는 문헌들이 많이 있지만 "고대로부터 중동지역에서는 종려나무 가지를 흔들어 왕의 즉위와 입성에 대한 환희를 표현했다"는 설명이 가장 친근하다.

'박찬희 목사의 교회사 이야기'에 나온 이 기사는 흥미로운 사실 하나를 더 전하고 있다. 지난해 4월 12일 이라크전에서 승리한 미군이 바그다드에 입성하던 날, 이라크 사람들이 종려나무 가지를 흔들며 미군을 환영하는 모습이 텔레비전 뉴스를 통해 보여졌다는 얘기다. 또한 공교롭게도 미군이 바그다드에 입성한 2003년 4월 12일 그 다음날이 바로 종려주일이었다니 역사의 아이러니가 아닐까 싶다.

블레셋은 사라지고
팔레스타인만 남았네

"블레셋 사람들이 이스라엘을 치매
이스라엘 사람들이 블레셋 사람들 앞에서 도망하여
길보아 산에서 엎드러져 죽으니라" – 사무엘하 31:1

성경에 등장하는 수많은 민족 중에서 가장 호전적이라고
기억되는 민족은 블레셋 족속이다. 들릴라는 삼손을 블레셋
사람들에게 팔아넘겼으며, 다윗의 물맷돌에 쓰러진 골리앗
도 블레셋 사람이었던 탓일 것이다. 그러면 블레셋 족속은
지금의 어느 민족이고 어디쯤에서 어떤 나라를 이루어 살고
있을까.

구약 성경에는 이들 블레셋 사람들이 무수히 많이 나오
는데, 주로 이스라엘과 끈질긴 싸움을 하는 상대편 적군으

로 등장한다. 블레셋에 대해서는 많은 연구와 보고가 나와 있는데, 결론부터 말하면 블레셋 사람은 지금 이 세상 어디에도 살고 있지 않다. 유대 민족과 싸워 패한 뒤 가나안의 여러 족속들처럼 멸망해 역사에서 사라졌다는 것.

흥미로운 사실은 현재의 이스라엘 영토를 가리키는 팔레스타인(Palestine)이라는 단어가 블레셋에서 왔다는 주장이다. 로마 제국의 황제 하드리안은 유대 민족의 반란에 대한 보복으로 유대라는 이름을 로마 제국의 지도에서 지워버리고 그 대신 유대 민족의 숙적인 블레셋의 이름을 딴 '팔레스티나(블레셋 사람들의 땅이라는 뜻)'로 바꾸었고, 그 이름이 오늘날까지 이어지고 있다는 얘기다.

팔레스타인에서의 아랍 민족과 이스라엘의 싸움은 알려진 것만큼 유명하다. 로마 제국이 유대 땅을 팔레스티나로 명명한 이후 유대인들은 전 세계로 흩어지고 이 땅에는 여러 아랍인들이 1천 년 이상 살아왔다. 19세기 말 유대 민족이 시오니즘(Zionism)에 힘입어 팔레스타인에 독립 국가를 세우려는 움직임이 나타났으며, 결국 유대인들은 팔레스타인에 살던 아랍 민족을 몰아내고 독립 국가를 세웠다.

이스라엘과 아랍 민족간의 분쟁 때문에 유명해진 팔레스

타인이 블레셋에서 그 이름이 나온 것은 분명하지만 여기엔 정치적인 배경이 있을 뿐, 성경에 등장하는 블레셋 민족과 혈통적으로는 아무런 상관이 없다.

구약 시대의 유대인은 블레셋 족속을 몰아내고 가나안을 얻었다. 그러나 이후 세계로 흩어져 2천년을 떠돌다가 돌아온 땅은 가나안이라는 약속의 이름 대신 블레셋 사람들의 땅이라는 팔레스타인이었다. 그리고 그 땅은 '중동의 화약고'로 불리며 여전히 분쟁이 끊이지 않고 있다. 팔레스타인에 속히 평화가 깃들기를!

영화 매트릭스에도 출연한
'느부갓네살'

"느부갓네살 왕은 천하에 거주하는 모든 백성들과 나라들과
각 언어를 말하는 자들에게 조서를 내리노라
원하노니 너희에게 큰 평강이 있을지어다" – 다니엘 4:1

　　미래의 이야기를 다룬 수많은 SF영화 가운데 한국은 물론 전 세계적으로 폭발적인 흥행을 모았던 '매트릭스(Matrix)'라는 영화가 있었다. 이 영화는 한국 교회에서도 그 주제를 두고 "성경적이다"거나 혹은 반대로 "비성경적이다"라는 논란을 크게 일으킨 바 있다. 연작 세 편의 영화에 흐르는 주제는 물론이고 등장하는 단어 또한 '시온'이나 '느부갓네살' 등 성경적이었다.

　　그 중에서도 기억에 남는 건 주인공들이 타고 다녔던 함

선의 이름, '느부갓네살 호(號)'이다. 영어 대사를 알아듣진 못했고 화면 아래에 흐르는 자막에서 그 이름을 처음 발견했을 때는 가벼운 흥분을 느낄 정도였다.

'느부갓네살 왕'은 구약 성경에 등장하는데, 교회학교 때 그의 이름을 들었던 것은 다니엘이 그의 세 친구 사드락과 메삭과 아벳느고와 함께 사자굴에 던져질 때의 이야기에서다. 느부갓네살 왕은 우상에게 제사한 음식 먹기를 거부한 죄로 다니엘과 세 친구를 풀무 아구에 던져 넣었지만, 그들은 모두 무사히 살아 나왔다.

하나님의 사람 다니엘을 중용하기는 했지만, 하나님을 자신의 마음 중심에는 두지 못했던 느부갓네살의 이름이 왜 '시온'을 찾아 항해하는 함선의 이름으로 사용됐을까. 매트릭스를 감독한 워쇼스키 형제가 무슨 생각으로 함선의 이름을 지었는지는 알 수 없다. 그러나 매트릭스와 기독교의 상관관계는 책으로도 쓸 수 있을 만큼 방대한 논쟁이 있는데, 함선의 이름이 느부갓네살 왕의 이름을 빌린 건만큼은 확실하다.

느부갓네살 왕은 앗시리아에서 바벨론을 독립시켜 바벨론 제국을 설립하고 이스라엘을 멸망시킨 매우 뛰어난 왕으로 평가받고 있다. 그는 포로로 잡아 온 유다의 다니엘이 자신의 꿈을 해몽하자 다니엘에게 바벨론을 다스리게 했다. 그러나 느부갓네살은 이스라엘 사람들을 포로로 데려왔고, 이스라엘 사람들은 바벨론에서 포로로 생활하면서 '자유'를 갈망하며 살아야 했다.

애굽(이집트)의 바로(파라오)와 싸워 이겼을 정도로 강력한 느부갓네살 왕(렘 46장)은 그러나 정신질환을 앓아 야수의 생활을 해야 했었다고 다니엘 4장은 말하고 있다.

에스더는 '창씨개명'일 수도 있다

유프라테스 강과 티그리스 강에 에덴동산이 있다?

성경에도 등장하는 페르시아 제국

웃을 일이 아니다, 하박국

라합은 여리고의 배신자인가?

가나안은 어디서부터 어디까지?

가나안 정탐은 몇 번 갔을까?

붉은 바다 '홍해'는 지금의 어디쯤?

'바벨'은 탑 이름이 아니다

만나와 메추라기는 지금도 먹나요?

에스더는 '창씨개명'일 수도 있다

"왕후 에스더가 뜰에 선 것을 본즉 매우 사랑스러우므로
손에 잡았던 금 규를 그에게 내미니 에스더가 가까이 가서
금 규 끝을 만진지라" – 에스더 5:2

우리 신문(한국기독공보)에서 '성서재발견'을 연재하기
시작한 후 간간이 들어온 독자들의 전화 중에는 "에스더의
이름이 별(Star)과 관계가 있다"는 것. 어린 시절, 교회학교
에서 에스더의 사촌 오빠 모르드개와 하만 장군에 얽힌 이
야기를 들으며 감동을 받았던 기억이 지금도 새롭다.

에스더(Esther)는 기독교계에서 나라를 위한 기도를 강
조하는 경우에 흔히 빌려 사용하는 이름이다. 구국 혹은 시
국 관련 기도회를 하면서 '에스더 기도회'와 같은 이름을

붙이기도 하며, 미혼모 시설을 비롯해 여성과 관계된 많은 곳에서 그녀의 이름을 빌려 쓰는 것을 볼 수 있다.

그녀에 관해 인터넷에 유포되어 있는 정보들은 에스더에 대해 "페르시아어로 별이라는 뜻"이라고 확정적으로 말하고 있다. 그러나 『기독교대백과사전』은 그처럼 확정적으로는 언급하지 않는다. 바사(성경의 바사는 페르시아를 말하는 것이다) 왕의 두 번째 아내로 간택된 에스더의 이름은 "페르시아어로 별이라는 의미를 갖는 'stara'와 관련된 이름일 수 있으며, 바빌로니아의 여신 '이쉬타르'와 관련된 이름일 수도 있을 것"이라고 설명한다.

『기독교대백과사전』은 또 "죽으면 죽으리다"는 믿음으로 이스라엘 민족을 대량 학살에서 구한 에스더의 히브리 이름은 '아름다운 나무'라는 뜻의 '하닷사'라고 전한다. 하닷사는 에스더 2장 7절에서 한 차례 언급되는 것을 근거로 그녀는 어린 시절에 히브리식 이름을 가졌지만 성장하면서 또는 왕비가 되면서 그 이름이 페르시아 식으로 바뀐 것으로 해석하는 사람들도 있다. 이런 해석에 따르면 일본이 우리나라를 식민 통치하면서 시도했던 창씨개명과 비슷한 일일 수도 있겠다.

에스더서에 등장하는 '바사'는 중고등학교 세계사 시간에 배운 페르시아를 일컫는 것이며, 에스더를 왕비로 맞이한 아하수에로 왕은 페르시아의 크세르크세스(Xerxes) 왕의 히브리어 이름. 다만 아직도 낯설게만 들리는 '모르드개'는 영어 성경도 '모르드카이(Mordecai)'로만 표기하고 있으며, 백과사전도 이름과 관련된 특별한 언급을 하지 않고 있다.

유프라테스 강과 티그리스 강 사이에 에덴동산이 있다?

"이 같이 하나님이 그 사람을 쫓아내시고
에덴동산 동쪽에 그룹들과 두루 도는 불 칼을 두어
생명 나무의 길을 지키게 하시니라" - 창세기 3:24

에덴동산은 어디에 있었으며 지금 그 곳은 어디쯤일까. 기독교인이 아니더라도 이 질문만큼 원초적이며 또 이만큼 큰 궁금증을 자아내게 하는 것도 드물 것이다.

에덴동산 주위에는 비손과 기혼, 힛데겔 그리고 유브라데 등 네 개의 강이 흘렀다고 성경은 기록하고 있다. 네 강의 이름 중에서 유브라데는 역사 시간에 배운 유프라테스 강으로 유추할 수 있겠으나 나머지 강의 이름은 생소하기만 하다.

영어 성경(NIV)은 비손을 피숀(Pishon)으로, 기혼을 기혼(Gihon)으로, 힛데겔을 티그리스(Tigris)로 그리고 유브라데를 유프라테스(Euphrates)로 적고 있다. 영어 성경에서 보이는 힛데겔은 지금의 티그리스 강으로 역시 유추가 가능해진다. 그러나 유프라테스 강과 티그리스 강 외에 비손과 기혼 두 강의 이름은 지금 확인할 수 없다. 학자에 따라서는 어디에서 어떻게 흘렀던 강이라고 주장하기도 하지만 "노아 홍수 이후 지형이 많이 변했기 때문에 지금은 알 수 없다"는 주장도 설득력이 있어 보인다.

지금은 알 수 없는 비손과 기혼 두 강의 이름은 그렇다고 해도 티그리스 강은 왜 성경에서 힛데겔로 표기했을까. NIV와 달리 또 다른 영어 성경(KJV)은 힛데겔을 'Hiddekel'로 표기하고 있는 것을 볼 수 있다.

힛데겔은 화살을 의미하는 아람어에서 유래했으며, 티그리스의 히브리어 명칭이며 티그리스는 '화살처럼 빨리 흐르는'이라는 뜻을 가진 헬라어. 한글 구약 성경은 히브리어 성경을 원문으로 해석했기 때문에 티그리스 대신 힛데겔로 표기한 것이라는 설명은 여기서도 유효하다.

유프라테스 강과 티그리스 강을 찾았다고 해서 에덴동산

의 위치가 정확하게 드러나는 것은 아니다. 여전히 에덴동산의 위치는 알 수가 없다. 창세기 3장 24절은 하나님이 에덴동산에서 아담과 하와를 내보내시고 불 칼로 지키게 하셨다고 기록하고 있어 사람의 힘으로 그곳을 다시 찾는 것은 불가능한 것으로 생각된다.

고고학적 궁금증과 연구는 고고학자들에게나 맡기고 우리는 과거의 에덴동산을 그리워할 것이 아니라 이 땅에서 예수 그리스도를 본받아 살면서 '영원한 에덴동산'에 들어갈 날을 기다려야 하지 않을까.

성경에도 등장하는 페르시아 제국

> "바사 왕 고레스는 말하노니 하늘의 하나님 여호와께서
> 세상 모든 나라를 내게 주셨고 나에게 명령하사
> 유다 예루살렘에 성전을 건축하라 하셨나니" – 에스라 1:2

성경에 나오는 여러 나라 중에서 '바사' 라는 나라가 자주 등장한다. 역대하, 에스라, 느헤미야, 에스겔, 다니엘 등 구약 성경 다섯 권에서만 30여 차례나 나온다. "바사 왕 고레스", "바사 왕 다리오" 등이 주로 언급되고 있는데, 구약과 신약 몇 군데에서는 사람의 이름으로도 나오는 단어다.

결론부터 말하자면 성경에 나오는 나라 '바사' 는 우리가 세계사 시간에도 배웠던 '페르시아(Persia) 제국' 을 일컫는 말이다. 페르시아 제국은 지금의 이란, 그러니까 성경에서

바사를 접할 때는 석유가 많이 나고 더운 이슬람의 나라 이란을 상상하면 훨씬 더 이해가 빠를 수도 있다는 얘기다.

한국컴퓨터선교회가 제공하는 '성경지명사전'에 따르면 바사는 "동은 갈마니야, 서는 수사, 남은 바사만, 북은 메데를 경계로 삼은 국토이며, 석유 생산이 풍부한 지금의 이란"이라고 한다. 석유가 풍부한 이란을 빼면 갈마니야나 수사, 메데 등은 여전히 모르는 지명이어서 별로 도움이 되는 건 아니다.

이란을 힌트로 해서 바사를 유추한다면 현재의 페르시아 만에 잇대어 있는 이란의 영토를 연상하면 될 듯하다. 갈마니야는 현재의 어디쯤인지 알 수 없으나, 바사 만이라면 페르시아 만으로 생각할 수 있으며 수사는 현재 이란의 영토 안에 있는 '슈슈(Shush)'로 불리는 곳이다.

바사는 구약 성경에서 '메대' 또는 '메대인'과 함께 쓰이는 경우가 많은데, 『성서백과대사전』에 따르면 메대는 페르시아 만 북쪽 티그리스 강 동쪽 쯤인 것으로 보인다. 한국컴퓨터선교회 '성경지명사전'의 설명 중의 '메데'는 『성서대백과사전』이 설명하는 '메대'를 잘못 표기한 것으로 보인다. 성경에도 '메대 사람'이 자주 등장한다.

『성서백과대사전』과 인터넷의 여러 정보에 의하면 성경에는 페르시아, 즉 바사의 여섯 왕이 등장하며 영어 성경은 고레스를 사이러스(Cyrus)로, 다리오를 다리우스(Darius)로, 아닥사스다를 아르타크세르크세스(Artaxerxes)로, 아하수에르는 크세르크세스(Xerxes) 등으로 표기하고 있다.

웃을 일이 아니다, 하박국

"선지자 하박국이 묵시로 받은 경고라"

– 하박국 1:1

　사실 성경에 이런 책이 있다는 걸 처음 알았을 때는 당연한 듯이 '호박국'을 연상하고 신기해 했다. 책 이름이 사람 이름이라는 사실을 알고는 '피식' 하고 웃었던 기억마저 있다. 예전에 어떤 교회에서 설교를 들을 때에 우스갯 소리로 "호박국이 아니라 하박국이다"라며 농담을 하는 것을 들은 일도 몇 차례 있고, 또 하박국에 대한 얘기가 나올 때면 "나도 그랬었다"라며 맞장구치는 소리를 들을 때도 여러 번 있었다.

사실 하박국 말고도 구약 성경의 말미에 등장하는 나훔과 스바냐, 학개, 스가랴, 말라기와 같은 책들의 이름은 마태나 마가 혹은 예레미야와 같이 귀에 익지 않은 단어들이고, 또 모두 하나같이 귀에 쏙쏙 들어오지 않는 단어들이다.

"선지자 하박국이 묵시로 받은 경고라"라는 하박국 1장 1절의 말씀으로 하박국은 사람 이름이며, 선지자임을 금방 알 수 있다. 사실 세 장밖에 없는 하박국서는 잠깐만 앉아서 보면 금새 다 읽을 수 있는 분량이어서 내용을 알기도 어렵지 않다.

영어 성경(NIV와 KJV)은 하박국을 Habakkuk으로 표기하고 있는데, 하박국 선지자가 누구였는지, 하박국서가 언제 씌여졌는지 등에 대해서는 하박국서에서 추론할 수 있는 것 외에는 없는 것으로 알려져 있다. 그런데 한 백과사전은 외경에 나오는 국그릇을 든 하박국의 이야기를 전하면서 "이러한 민담들은 역사적 가치가 거의 혹은 전혀 없다"고 덧붙이고 있다.

하박국서는 패역한 시대와 의인의 역할에 대한 하박국 선지자의 고뇌와 갈등을 담고 있으며, 때로 "하나님은 과연 공평하신가"라고 항의하는, 매우 의미심장한 내용을 담고 있다. 호박국을 연상하고 웃을 만큼 가볍거나 "역사적 가치가 거의 없는" 책이 결코 아니다. 우리도 때로 시대의 불의에 치를 떨며 '하나님은 공의롭지 못하시다' 며 고개를 떨구지 않았던가.

하박국 외에 구약 성경 말미에 들어 있는 책들, 아모스서 이후 말라기까지 12책은 소예언서로 모두가 선지자의 이름으로 된 것이다. 그러니까 아모스(Amos), 오바댜(Obadiah), 요나(Jonah), 미가(Micah), 나훔(Nahum), 하박국(Habakkuk), 스바냐(Zephaniah), 학개(Haggai), 스가랴(Zechariah), 말라기(Malachi)는 모두 하박국처럼 선지자들의 이름인 것이다.

라합은 여리고의 배신자인가?

"라합이 그들을 창문에서 줄로 달아 내리니
그의 집이 성벽 위에 있으므로 그가 성벽 위에 거주하였음이라"

– 여호수아 2:15

성경을 읽고 설교를 들으면서 감동을 받을 때가 물론 많지만, '혹시 이럴 수도 있지 않았을까?' 라는 생각이 들어 혼란스러울 때도 있다. 가나안의 기생 라합의 이야기를 들으면서 "그녀가 유대 민족의 두 정탐꾼을 숨겨준 것은 민족을 배신한 행위가 아닌가?"라는 생각을 숨길 수가 없었다. 그렇다고 라합이 하나님을 믿지 않은 불행한 운명의 자기 민족과 함께 죽었어야 마땅하냐고 되묻는다면, 그 역시 자신이 없기는 마찬가지다. 죽었어야 했다고 말할 수는 없을 것 같다.

라합(Rahab), 그녀는 이스라엘 민족이 이집트(애굽)를 탈출해 광야를 헤매다가 가나안으로 들어가기 직전, 두 정탐꾼을 숨겨 주어 여리고 성이 무너질 때 살아 남았다. 구약의 그녀는 신약에서도 여러 차례 등장하는데 '의로운 신앙의 사람' 으로 추앙받는 한편, '예수의 조상' 이 되는 영광도 함께 누린다.

나라와 민족이 위급에 처했을 때에 나만 살자고 조국을 배반했던 이들이 당대에 혹은 후대에 어떤 평가를 받고 있는지, 어떤 영화를 누리고 있는지 우리는 역사를 통해 배웠고 또 배우고 있다. 그렇다면 라합은 위급에 처한 민족을 배반하고 적군에게 편익을 제공해 개인의 영달만을 탐한 여인이 아니던가? 밀려드는 혼란을 추스르기가 쉽지 않다.

김성일 씨의 장편소설『다가오는 소리』(홍성사, 믿음의 글들 96)는 라합의 이야기를 소재로 삼고 있어 이 같은 혼란에 한 가지 답이 될 수 있었다.

라합은 어느 날 갑자기 찾아온 적군에게 호감을 갖고, 적군이 강하여 자기 민족의 승산이 없음을 깨달아 민족을 배반한 것이 아니라는 것이 소설의 주장이다. 짧지 않은 기간

동안 하나님을 알게 되고 자기가 지금까지 믿은 신(아스다롯, 라합은 창녀로 번역되고 있지만 '여사제'의 의미도 있다)에 대한 정확한 인식을 바탕으로 라합은 '선택'을 하게 된다는 것.

혼란은 일단 접기로 하고 시각을 돌려 보자. 사람이라면 남녀노소를 막론하고 양자택일을 해야 하는 운명적인 순간을 맞이할 수밖에 없지 않은가. 여리고의 기생 라합 역시, 민족이라는 커다란 선택 대신 하나님이라는 보다 큰 선택을 해야 하는, 인생의 절체절명의 순간을 맞이한 것이고 그녀는 현명한 판단을 한 것이다.

가나안은 어디서부터 어디까지?

> "사람이 사는 땅에 이르기까지
> 이스라엘 자손이 사십 년 동안 만나를 먹었으니
> 곧 가나안 땅 접경에 이르기까지 그들이 만나를 먹었더라"
> – 출애굽기 16:35

성경에 나오는 지명 중에 가장 많이 듣고 귀에 익숙한 곳 중 하나는 가나안이다. 모세가 이끈 유대 민족은 출애굽을 하고도 광야를 40년 동안 헤매인 후에야 꿈에도 그리던 가나안에 이를 수 있었다고 성경은 말하고 있다.

그렇다면 약속의 땅, 가나안은 어디서부터 어디까지였을까. 지금의 세계지도 어디에서 가나안을 찾을 수 있을까. 이스라엘 땅을 가나안으로 보면 맞을까?

애굽을 떠난 이스라엘 백성들이 홍해를 건너 광야를 떠

돌다가 정착하는 가나안(Canaan)은 현재 이스라엘 영토를 포함하는 지중해 해안의 광범위한 지역을 가리킨다. 『성경 백과사전』에 따르면 예루살렘과 여리고, 요단 강과 얍복 강, 그리고 북쪽으로 시돈에 이르기까지 지중해 연안의 영토가 모두 이스라엘 백성이 정복한 가나안 땅이라고 설명하고 있다. 지금의 이스라엘 영토의 대부분이 여기에 해당한다.

전 세계에 흩어져 살던 유태인들이 다시 모여 독립국가를 이룬 현재의 이스라엘이 왜 이곳에 위치하고 있는지, 그 이유가 설명되는 부분이다.

구약 성경의 창세기를 비롯, 민수기와 여호수아, 사사기 등에는 가나안과 관련된 여러 가지 언급이 나오는데, 흔히 알고 있는 여리고를 비롯한 여러 성읍들과의 전투 장면이 매우 인상적이다. 출애굽에 성공한 이스라엘 민족이 가나안에 입성하고 그 땅을 정복하는 과정에 대해서 여러 가지 주장이 있는 것은 신학자와 고고학자들의 몫으로 돌려도 좋을 듯하다.

아브라함이 받은 민족의 번성과 젖과 꿀이 흐르는 땅에 대한 약속은 출애굽과 가나안 정복을 통해 이뤄졌다. 비록 영토 분쟁과 종교 분쟁이 그치지 않고 있어 논쟁의 여지는 여전하지만, 가나안 땅의 대부분은 지금도 이스라엘의 영토로 남아 있다.

아직도 지도상에서 가나안을 찾을 수 있고, 마음만 먹으면 비행기를 타고 얼마든지 갈 수 있다는 것은 매우 다행스러운 일이다. 이스라엘 백성은 약속을 믿고 광야를 떠돌다가 '젖과 꿀이 흐르는' 가나안으로 들어갔다. 우리는 어떤 약속을 믿고 있으며, 우리가 들어갈 '가나안'은 어디인가.

가나안 정탐은 몇 번 갔을까?

"눈의 아들 여호수아가 싯딤에서 두 사람을 정탐으로 가만히 보내며
그들에게 이르되 가서 그 땅과 여리고를 엿보라 하매(하략)"

— 여호수아 2:1

우리 신문 〈한국기독공보〉에서 '성서재발견'을 연재할
때, 《라합은 여리고의 배신자인가?》을 쓰면서 "여호수아와
갈렙이 여리고를 정탐하기 위해 들어갔다가 라합의 도움으
로 살아 나왔다."라고 썼다. 여호수아 2장 첫머리에 나오는
것처럼 두 사람의 정탐꾼을 보낸 장본인이 여호수아인데,
어이없는 실수를 하고 만 것이다.

이우성 목사라고 밝힌 독자는 홈페이지 '열린광장'을 통
해 여호수아 2장 1절을 인용해 "여리고 정탐꾼의 이름은 나

오지 않는다. 다만 마태복음 1장 5절을 근거로 두 사람의 정탐꾼 중에서 한 사람의 이름이 '살몬'일 수도 있을 것이라는 추정만 가능할 뿐이다."라고 밝혔다. 이 목사는 "적지에 정탐꾼으로 들어갔던 살몬이 라합으로 인하여 생명을 구원받고 난 후 여리고 정복 후에 그를 아내로 삼았을 것이라는 (물론 추측이기는 하지만) 것은 알 만한 사람은 다 아는 내용인데 어떻게 그 두 정탐꾼이 여호수아와 갈렙이라고 말하는지를 설명하라."라고 요구했다.

등에서 식은땀이 주르륵 흘러내렸다. 왜 이런 일이 벌어졌을까? 성경은 이스라엘 민족이 가나안을 정복하기 위해 두 차례의 '정탐'을 벌인 것으로 기록하고 있는데, 이 두 가지 사실이 머릿속에 얽힌 채 들어있었기 때문이었다. 개인적으로 잘못된 성경 지식을 가진 부끄러운 사실을 지면을 통해 굳이 밝히는 것은 몇몇 사람들이 같은 생각을 하고 있었다는 것을 발견했기 때문이다.

처음 '정탐'이 이뤄진 것은 홍해를 건넌 모세가 가나안을 목전에 두고 열두 지파의 대표들로 정탐꾼을 선발한 때다. 이때에 갈렙은 유다 지파의 대표로, 여호수아(호세아)는 에브라임 지파의 대표로 정탐꾼 대열에 함께했다(민수기

13-14장).

두 번째 '정탐'이 이뤄진 것은 광야에서 40년 동안의 방황을 마치고 출애굽 1세대가 모두 사라진 후 가나안에 들어가기 직전, 여호수아가 두 명의 정탐꾼을 여리고로 보낸 것이다. 정탐꾼이 라합을 만난 것은 바로 이 두 번째 정탐 때다(여호수아 2장). 따라서 정탐꾼 여호수아와 갈렙이 정탐 때 라합을 만난 것은 아니다.

처음 정탐 때의 두 사람 이름과 두 번째 정탐 때의 장소와 만난 사람이 한데 얽혀 머릿속에서는 '잘못된 지식'으로 들어 있었던 것임을 고백한다.

붉은 바다 '홍해'는 지금의 어디쯤?

"그러므로 하나님이 홍해의 광야 길로 돌려 백성을 인도하시매 이스라엘 자손이 애굽 땅에서 대열을 지어 나올 때에" – 출애굽기 13:18

출애굽 한 이스라엘 민족이 제일 처음 맞이한 시험과 위기는 붉은 바다(Red Sea), 즉 홍해(紅海)와 마주한 것이었다. 이집트의 노예생활에서 풀려나 '약속의 땅'으로 이제 막 첫 발을 내디딘 이스라엘 민족이 드넓은 바다를 가로질러 건너고 이집트의 막강 군사들을 따돌리는 장면을 듣던 교회학교 시절은 지금 다시 생각해도 신나는 시간이었다.

그러나 교회학교 선생님께 들었던 홍해 이야기는 그러나 머리가 굵어지면서 '어쩌면 그게 아닐 수도 있지 않을까?'

라는 의심으로 바뀌기 시작했다. 누구로부터 들었는지 정확한 기억은 없는데 '당시의 홍해는 바다가 아니라 습지 정도였을 것'이라는 설명이 머릿속을 점령하고 있었기 때문이다.

성경(출 14장)은 분명 '바다'라고 언급하고 있으며, 영어성경(NIV, KJV)도 모두 'SEA'로 표기하고 있다. 세계지도를 펴고 세심하게 짚어 보며 상상의 날개를 펴게 되면서 자연스럽게 홍해를 발견할 수 있었다. 아라비아 반도와 이집트 사이의 길고 좁다란 바다가 홍해였다. 그리고 그 홍해는 현재 수에즈 운하를 통해 지중해와 연결되고 있다.

이집트를 출발한 이스라엘 백성들은 가나안으로 가기 위해 홍해를 건너거나 홍해와 지중해 사이의 육로를 이용해야만 했다. 그런데 성경은 이스라엘 백성들이 그 홍해를 걸어서 건넜고 이집트의 군사들이 홍해에 수장됐다고 했다. 과연 성경의 홍해가 지금 세계지도에서 볼 수 있는 그 홍해라는 말일까.

지도에서 좁고 길게 보인다 해도 '걸어서 갈 거리는 아닐 텐데…' 하는 걱정이 앞선다. 홍해는 실제 폭이 2백-3백60킬로미터이며 최고 깊은 곳은 2천 미터가 넘는다.

『성경백과사전』의 길고 장황한 설명과 여러 문헌들을 종합하면 홍해의 히브리어 '얌 쑤프'는 '갈대 바다'라는 뜻이며, 홍해와 '얌 쑤프'를 동일하게 보기는 힘들다는 결론에 이른다. 이스라엘 백성들이 모세의 지도로 건넜던 홍해는 지금 우리가 홍해라고 부르는 바다와는 다른 곳일 수도 있다는 것이다. 학자들은 성경의 홍해를 '홍해 바다'를 비롯해 내륙의 호수 등 몇 곳으로 추정하고 있다는 설명도 있다.

　모세가 길을 낸 그 홍해가 지금의 홍해 바다인지 아닌지 고민을 한다고 해도 쉽사리 결론이 나올 것 같지는 않다. 다만 이스라엘 백성을 향한 하나님의 사랑과 그 사랑을 기억하는 지금의 나, 그것이 홍해의 기적이 주는 교훈일 것이다.

'바벨'은 탑 이름이 아니다

"또 말하되 자, 성읍과 탑을 건설하여 그 탑 꼭대기를 하늘에 닿게 하여 우리 이름을 내고 온 지면에 흩어짐을 면하자 하였더니" – 창세기 11:4

영어를 비롯한 외국어 때문에 고생을 해 본 사람은 '왜 사람들은 되지도 않을 바벨탑을 쌓다가 하나님의 진노를 사서 나를 이렇게 어렵게 만드는 걸까?' 라고 한 번쯤 생각했을지도 모를 일이다. 솔직히 영어 때문에 고생을 좀(?) 할 때마다 그런 생각을 했었다. 공부하지 않은 생각은 못하고 말이다.

흔히 바벨탑은 하나님의 진노를 사서 무너진 것으로 알려져 있다. 그러나 결론부터 말하자면 바벨탑은 무너진 것이 아니라 건축이 중단됐을 뿐이다. 바벨탑 사건을 다룬 창세기 11장 8절은 "여호와께서 거기서 그들을 온 지면에 흩으셨으므로 그들이 그 도시를 건설하기를 그쳤더라"라고 기록하고 있기 때문이다.

건축이 중단된 바벨탑이 세월이 지나면서 풍화작용을 거치고 자연스럽게 무너진 것 아니냐고 반문한다면 그건 맞는 말이다. 최소한 하나님이 진노하셔서 한꺼번에 탑을 무너뜨린 건 아니라는 얘기다.

바벨탑을 생각하면서 알게 된 곁가지 사실 하나. 성경에는 바벨탑이라는 단어가 나오지 않는다는 것이다.

홍수 이후 노아의 후손들 얘기가 시작되는 창세기 10장에 이어 11장에는 그들이 '시날'이라는 평지를 만나 도시를 건설하고 성과 탑을 쌓는 사건을 묘사하고 있을 뿐이다. 하나님이 그들의 언어를 다르게 하여 흩으신 후에 '바벨'이라고 명명하셨다는 언급만 있을 뿐이다. 훗날 사람들이 창세기 11장의 이야기를 바탕으로 '바벨에 쌓은 탑'이라는 의미를 담아 '바벨탑'으로 부른 것으로 보인다.

그렇다면 바벨탑이 있던 바벨은 바벨론(혹은 바빌론, Babylon)과 어떤 관계가 있는 것은 아닐까. 『성서대백과사전」은 바벨론의 위치가 "시날 땅의 유프라테스 강 유역에 위치해 있었다"고 하면서 "바벨론의 어원이 창세기 11장 9 절의 '혼잡하게 하셨다' 는 히브리어에 근거한 용어"라고 밝히고 있어 바벨론이 바벨에서 유래하지 않았을까 유추하게 만든다. 그러나 이 사전은 바벨탑 사건을 설화와 역사적 사실 등 다양한 시각으로 접근해 설명하면서 "바벨은 바벨론과 아무런 연관성이 없는 명칭"이라고 못 박아 설명하고 있다.

만나와 메추라기는 지금도 먹나요?

"사람이 사는 땅에 이르기까지 이스라엘 자손이
사십 년 동안 만나를 먹었으니 곧 가나안 땅 접경에 이르기까지
그들이 만나를 먹었더라" – 출애굽기 16:35

출애굽에 성공한 이스라엘 민족은 '약속의 땅' 가나안으로 가기 위해 지도자 모세를 따라 광야를 지나게 된다. 광야에서 굶주림에 지친 백성들은 모세와 아론에게 "우리가 애굽 땅에서 고기 가마 곁에 앉아 있던 때와 떡을 배불리 먹던 때에 여호와의 손에 죽었더라면 좋았을 것을 너희가 이 광야로 우리를 인도해 내어 이 온 회중이 주려 죽게 하는도다"(출 16:3)라고 원망했다.

출애굽기 16장에 나오는 만나와 메추라기의 이야기 역시

교회학교 시절 들었던, 신나고 재미난 이야기 중 하나다. 하나님께서는 굶주림 때문에 원망하는 백성에게 "작고 둥글며 서리 같이 가는 것"(출 16:14) 즉 만나를 내려주셨다.

교회학교 선생님들께 들은 만나에 대한 이미지는 '하늘에서 내려 주시는 양식'이었고, 좀 더 구체적으로는 하늘에서 내려온 '튀밥' 혹은 '미숫가루' 쯤으로 머릿속에 남아 있다. 왜 만나와 튀밥을 묶어 생각하고 있는지에 대해서 설명할 길이 없지만, 이스라엘 백성들이 광야에서 생활할 때 아침에 일어나 텐트에서 나오면 튀밥이나 미숫가루 같은 만나가 천지 사방에 널려 있었고 이것을 그릇에 담는 수고만 하면 하루의 양식거리가 해결됐다고 알고 있었던 것이다.

그런데 우연히 『성경백과사전』에서 그와 비슷한 설명을 발견할 수 있었다. 만나를 자연적 현상으로 설명하는 학자들도 있는데 "광야의 위성류(渭城柳)라는 나무에는 6월이면 뾰족한 끝에서 완두만한 크기로 단맛이 나는 만나가 맺힌다"라거나 "개각충(介殼蟲)이라는 벌레의 분비물이 위성류 끝에서 굳어져 만나가 됐다"라는 주장이 그것. 그들의 설명대로라면 만나는 지금도 먹을 수 있다는 결론에 이르게 된다.

메추라기는 잘 알려진 대로 우리나라에서는 고기보다는 알을 더 많이 먹는 닭목 꿩과의 새로서 "팔레스타인에서 흔한 새"라고 『성경백과사전』은 설명하고 있다.

교회학교에서 만나 이야기를 들을 때면 '나도 먹어보고 싶다' 라는 생각을 했고, 머리가 굵어져 결혼을 해 '밥' 을 벌어야 하는 때가 되고 나서는 '그것 좀 주시면 안되나?' 하는 엉뚱한 생각을 가끔 하게 된다.

'선악과'는 무슨 과일이었을까?

기름을 부었다는데…

다메섹의 오늘 이름 다마스커스

어거하다? 알아두면 좋은 말

'심방'의 오랜 역사

사도신경은 성경에 나오지 않는다

개신교 교회와 가톨릭 교회의 십계명은 똑같을까?

남자만 5천 명이 먹었다는데…, 여자는?

두 제자가 향해가던 엠마오

올림픽 축구 8강전이 열린 곳, 데살로니가

'선악과'는 무슨 과일이었을까?

"선악을 알게 하는 나무의 열매는 먹지 말라
네가 먹는 날에는 반드시 죽으리라 하시니라" - 창세기 2:17

에덴동산을 찾을 수 없기 때문에 지금은 선악과를 먹을 수 없는 것일까? 그게 아니라면 성경에 나오는 선악과는 지금의 어떤 과일을 일컫는 말인데, 우리가 의식하지 못하고 있는 것일까? 그도 아니라면 창세기 시대에는 존재했지만 지금은 사라진 어떤 과일일까?

선악과도 바벨탑처럼 성경에는 나오지 않는 단어다. 다만 창세기 2장에 "선악을 알게 하는 나무의 열매"라고만 나온다. 선악을 알게 하는 과일이라는 의미로 편의상 '선악과' 라는 이름을 붙인 것으로 보인다. 이에 대해 『성경백과사전』은 선악과의 신학적 · 문학적 분석을 시도하고는 있으나 무슨 과일이었느냐에 대해서는 언급하지 않는다.

한 번 더 어린 시절의 교회학교 추억을 떠올려 보면, 선악과는 흔히 사과와 비교가 됐다. 교회학교 선생님들은 '남자의 목 앞부분에 튀어나온 성대를 아담스 애플(Adam's apple)이라고 하는데, 아담이 하와의 유혹을 이기지 못하고 선악과를 먹다가 하나님의 부르심에 놀라 이 과일이 목에 걸려 그렇게 된 것'이라며 다소 황당한 이야기를 흥미롭게 진행하셨다.

선악과에 대해 이진희 목사(미국 달라스 웨슬리연합감리교회)는 『내가 잘못 알았던 127가지 성경이야기』에서 선악과가 사과나 무화과 혹은 포도 등일 가능성에 대해 언급하고 있다. 그런데 유대인들에게는 사과가 잘 알려져 있지 않고, 성경에 몇 차례 등장하는 사과도 실상은 살구였을 가능성이 있다며 사과에 대한 가능성은 배제했다. 그 밖에도 무화과와 '에트로그'라는 열매 그리고 포도에 대한 가능성을 언급하고 있으나 단정을 짓지는 못하고 있다.

영어 성경(NIV)은 선악을 알게 하는 나무를 'the tree of

the knowledge of good and evil'로 표현하고 있으며, 영어 성경에 나오는 'apple'은 선악과와는 상관없이 사과 또는 비유적인 의미로만 사용되고 있다.

선악과를 둘러싼 논쟁은 '실제했던 혹은 실제하는 나무'라는 주장과 '비유적 혹은 문학적 접근을 시도해야 하는 것'이라는 주장이 상치하고 있어 결론을 내리기가 쉽지 않다. 아담과 하와의 시대는 오래 전에 지나갔고, 우리는 이미 선악을 구분하며 수치를 아는 수준의 사람이다. 지금 선악과가 있다고 해도 큰 의미가 있을 것 같지는 않다.

기름을 부었다는데…

"마리아는 지극히 비싼 향유 곧 순전한 나드 한 근을 가져다가
예수의 발에 붓고 자기 머리털로 그의 발을 닦으니
향유 냄새가 집에 가득하더라" – 요한복음 12:3

성경에 나오는 아주 독특한 표현 중의 하나는 '기름 부음을 받은 자' 라는 것이다.

구약에 주로 나오는 '기름 부음을 받은 자' 는 대부분 제사장이나 왕을 의미한다. 왕을 세울 때에 제사장이 왕의 머리에 기름을 붓는 모습이 구약 성경 여러 곳에 등장하는데, 사울과 다윗 그리고 솔로몬의 머리에 제사장이 기름을 부었다.

신약 성경에도 기름을 붓는 장면이 나오는데 예수의 발

과 머리에 향유를 부었다는 표현이 그것이다. 요한복음 12장에는 마리아가 '지극히 비싼 향유'를 예수의 발에 붓고 자기 머리털로 예수의 발을 씻기는 장면이 나오고, 마태복음 26장에는 한 여인이 '매우 귀한 향유 한 옥합'을 식사하는 예수의 머리에 붓는 모습이 나온다.

그렇다면 과연 머리에 붓는 기름은 어떤 종류의 것이었을까. 머리에 기름이 부어진다는 건 생각만 해도 께름직하다. 그 기름이라는 것이 포마드나 머리 손질을 위한 젤이나 무스라면 모를까, 참기름이나 들기름 혹은 올리브유처럼 식용유라면 상상만으로도 끈적거리는 것이 느껴질 정도다. 그 옛날에 젤이나 무스처럼 헤어스타일을 위한 '깔끔한' 머리기름이 있을 것 같지는 않기 때문이다. 기껏해야 동물의 지방이나 식물성 기름이 고작이었을 텐데 말이다.

머리를 흠뻑 적시고 옷이 젖을 만큼 붓는 것은 '기름 부음'일 테지만, 우리가 세례를 받을 때처럼 머리가 조금 젖는 수준이라면 '기름 바름'이라는 표현이 어울릴 것이기 때문에 이같은 궁금증은 더하지만 구미에 딱 맞는 답을 찾기는 쉽지 않다.

신약의 향유는 'perfume'으로, 구약의 기름은 'oil'로 표기되어 영어 성경(KJV)에서도 다르게 표현된다. 또 구약에 주로 표현되는 '기름 부음 받은 자'에는 'anoint'라는 단어가 사용됐는데, 'anoint'는 머리에 기름을 붓는다는 뜻과 성직에 임명한다는 뜻이 함께 들어 있다.

오늘날에도 성직, 즉 목사와 장로의 임직식에서 안수를 받는 이들을 두고 '기름 부음을 받는다'라는 표현을 하는데, 'anoint'라는 단어에 기름을 붓는다는 뜻과 성직에 임명한다는 뜻이 함께 들어 있다니 성직에 임명되는 목사, 장로에게 기름을 붓는다는 표현은 적절한 것인지도 모르겠다. 그러나 목사, 장로 등 지금의 성직자는 구약 시대의 제사장과는 역할이 근본적으로 다르다. 기름 부음을 받은 제사장이나 왕처럼 그 지위가 높은 것이 아니라 그만큼 구별되는 삶을 사는 사람들이라는 의미로 사용되는 것일 테다.

다메섹의 오늘 이름 다마스커스

"다메섹 여러 회당에 가져갈 공문을 청하니
이는 만일 그 도를 따르는 사람을 만나면 남녀를 막론하고 결박하여
예루살렘으로 잡아오려 함이라" – 사도행전 9:2

그리스도인들을 박해하던 로마 시민 사울이 예수님의 음성을 듣고 거꾸러진 장소는 다메섹으로 가던 길, 다메섹에서 가까운 어디쯤이다. 개역개정판 성경 사도행전 9장 3절과 4절은 이렇게 기록하고 있다. "사울이 길을 가다가 다메섹에 가까이 이르더니 홀연히 하늘로부터 빛이 그를 둘러 비추는지라 땅에 엎드려져 들으매 소리가 있어 이르시되 사울아 사울아 네가 어찌하여 나를 박해하느냐 하시거늘"

사울(Saul)이 거꾸러진 뒤 바울(Paul)이 되어, 세 차례의

전도여행으로 그리스도를 전하는 일에 목숨을 바친 그가 향하던 다메섹은 오늘날 다마스커스(Damascus)로 불리는 곳이다. 다마스커스는 현재 시리아의 수도로 이스라엘과 팔레스타인 땅의 북쪽 메소포타미아로 가는 길목에 위치한 곳이다. 레바논과 시리아의 다마스커스를 거쳐 좀 더 북쪽에는 터어키가, 동쪽에는 이라크가 자리하고 있다.

사도행전 9장 2절 하반절 "남녀를 막론하고 결박하여 예루살렘으로 잡아오려 함이라"라는 구절은 다메섹이 예루살렘에서 먼 곳이라는 사실을 짐작케 하는데, 다마스커스가 팔레스타인 북동쪽에 위치한 메소포타미아에 가는 길목에 위치했다는 설명과 들어 맞는다.

다메섹은 신약뿐만 아니라 구약에서도 여러 차례 언급되는 곳으로, 『성경백과사전』에서는 군사·상업상 매우 중요한 도로가 교차한다는 지리적 조건 때문에 다마스커스가 오랜 옛날부터 언제나 상업 및 종교의 중심이었다고 설명한다. 백과사전은 또 다메섹의 시가도(map)도 보여주는데 동서를 가로지르는 거리, 직가(直街)를 보여 주며 "아나니아가 다메섹 도상에서 회심한 바울을 찾아가 안수함으로 다시 보게 하였던 거리(행 9:11)"라고 설명하고 있다.

다메섹이라고 해서 성경 시대의 또 다른 어떤 곳인 줄 알았지만, 다마스커스라고 하면 세계사 시간에도 배우는 곳이며 지금은 여행지로도 소개되고 있다. 인터넷에서는 지금의 시리아 다마스커스에는 바울을 안수하여 그가 다시 볼 수 있도록 했던 아나니아를 기념하는 작은 교회가 있으며, 그 교회는 초기 교회의 모습을 그대로 간직하고 있다는 여행객의 경험담도 들을 수 있다.

어거하다? 알아두면 좋은 말

"이르되 너희를 다스릴 왕의 제도는 이러하니라
그가 너희 아들들을 데려다가 그의 병거와 말을 어거케 하리니
그들이 그 병거 앞에서 달릴 것이며" – 사무엘상 8:11

우리가 지금까지 가장 많이 읽고 보았던 성경은 '개역한 글판'이며 최근에는 '개역개정판' 한글 성경이 나와 개역한 글판 성경을 대체하고 있다. 그런데 개역한글판과 개역개정 판 성경은 우리가 평상시에 사용하는 말이나 글과는 사뭇 다르게 되어 있어 불편한 것이 사실이다.

우리말이긴 하지만 평소에 잘 사용하지 않는 말이 성경 에는 자주 등장하는데, '어거하다'라는 말도 그중 하나다.

'어거하다'라는 말은 젊은 사람들은 잘 사용하지도 않을

뿐더러 나이 드신 어른들을 제외하고는 이 단어를 알지 못하는 사람들이 많은 듯하다. 그렇지만 성경에서도 이 단어가 세 차례나 사용되고 있으며, '어거하다'라는 단어가 들어간 구절을 곱씹어 읽다 보면 무슨 말인지 대략 이해는 할 수 있어도 정확하게 알기는 어려워 보인다.

개역한글판 성경 야고보서 3장 3절은 "우리가 말을 순종케 하려고 그 입에 재갈 먹여 온 몸을 어거하며"라고 쓰고 있고, 욥기 39장 7절은 "들 나귀는 성읍의 지꺼리는 것을 업신여기니 어거하는 자의 지르는 소리가 그것에게 들리지 아니하며"라고 쓰고 있다. 사무엘상 8장 11절에서도 '어거하다'라는 말을 사용하고 있다. 개역한글판 성경 야고보서와 욥기에 나오는 '어거하다'는 개역개정판에서 좀 더 쉬운 우리말로 바뀌었지만, 개역개정판에서도 사무엘상의 번역은 그대로다.

'어거(馭車)하다'라는 말의 사전적인 의미는 "제어하다" 또는 "소나 말을 몰다"라는 뜻이며, '어거'는 "수레를 메운 소나 말을 부리어 모는 일" 또는 "거느리어 바른 길로 나가게 함"이라는 뜻을 가진 단어다. 한자 '말부릴 어(馭)'는 짐승을 길들인다는 뜻을 가진 글자다.

흔히 교회와 기관의 책임자를 위해 기도하면서 "어거하시는…"이라는 표현을 쓰는 것을 볼 수 있는데, 어거한다는 것이 도대체 무슨 소리인지 모르겠다고 답답해 하는 젊은 사람이 있을지도 모른다. 어른들이 기도하는 중에 사용된 이 단어를 처음 들었을 땐 앞뒤의 말을 연관지어 '대략 그런 뜻이겠지' 하면서도 궁금해했었다.

교회 또는 기관을 이끌고 운영한다는 의미이고, 성경에도 나오는 말이니 알아 둘 필요는 있겠다. 하지만 '어거하다'는 지금 우리들이 잘 사용하지 않는 말인 것이 분명하고, 또 쉬운 우리말로 풀어쓰는 것도 어렵지 않은 일인데 개역개정판에서 여전히 그대로 보이는 것은 '쉬운 우리말 성경'을 보고 싶은 사람들에게는 아쉬운 일이다.

'심방'의 오랜 역사

"그 후 삼 년 만에 내가 게바를 방문하려고 예루살렘에 올라가서 그와 함께 십오 일을 머무는 동안" – 갈라디아서 1:18

개역한글판 성경 갈라디아서 1장 18절은 "그 후 삼 년만에 내가 게바를 심방하려고 예루살렘에 올라가서 저와 함께 십오 일을 유할쌔"라고 적고 있다. 오늘날의 교회에서 흔히 쓰는 '심방'이라는 단어를 성경에서도 사용하고 있는 것이 확인되는 부분이다. 다시 말하면 바울서신을 통해 바울이 심방목회를 했던 것을 알 수 있다는 얘기다.

그런데 개역한글판 성경에서 사용된 '심방'은 개역개정판 성경에서는 방문으로 바뀌었다. 앞뒤 정황을 함께 보면 바울이 게바를 찾은 것은 심방이라고 볼 수도 혹은 방문이라고 볼 수도 있다. 교회에서는 목회자가 교인을 방문할 때 심방이라는 용어를 사용하며, 목회자가 다른 목회자를 찾을 때는 심방한다고 하지 않기 때문이다. 바울과 게바의 관계를 목회자와 교인의 관계로 볼 것인지 아니면 목회자와 목회자의 관계로 볼 것인지는 딱히 정의하기 어렵다.

심방은 한자로 尋訪이라고 쓰는데, 심(尋)은 찾아본다는 뜻을 지닌 한자. 따라서 심방을 사전적인 의미로 풀어보면 '방문하여 찾아본다' 라는 매우 간결한 의미다.

하지만 교회에서 통용되는 심방의 의미는 그렇게 간단하지 않은 것 같다. 목회자들은 심방을 중요한 목회활동 중의 하나로 인식하고 있어 춘계대심방 또는 추계대심방 등으로, 그러니까 적어도 1년에 두 차례는 교인 가정을 심방하는 것을 볼 수 있다. 또 정기적인 심방 외에도 성도의 가정에 아픈 사람이 있다거나 이사와 같은 중요한 행사가 있을 때에는 담임 목사 또는 교구담당 목사가 부정기적으로 심방해 기도하는 것이 통례처럼 되어 있다.

또 목회자의 심방을 받는 교인의 입장에서는 자신의 집을 방문하는 손님의 차원을 넘어 '매우 잘 대접해야 할 귀한 분'으로 각별한 신경을 쓰는 것이 대부분이다. 그래서 일부 교인은 부담스럽게 느끼는 경우도 없지 않은 것이 사실이다.

인터넷에도 심방과 관련된 질문들이 올라오고 있는 것을 보면, 사실 교인들은 심방이라는 말을 자주 듣기는 해도 정확한 의미를 알지는 못하고 있는 듯하다. 한 네티즌은 "하나님의 도움이 절실하게 필요한 곳에 목사 등 직분자들이 하나님을 대신하여 찾아가서 위로하고 권고하고 친교를 나누는 것"이라고 답변하고 있다. 목회자들은 교인들이 목회자가 "하나님을 대신하여 찾아간다"라고 인식하고 있다는 사실에 주목할 필요가 있을 듯하다.

사도신경은 성경에 나오지 않는다

'주님 가르치신 기도' 혹은 주기도문은 성경에서 분명히 그리고 정확하게 언급되고 있다. 마태복음 6장 9-13절은 이렇게 적고 있다. "그러므로 너희는 이렇게 기도하라 하늘에 계신 우리 아버지여 이름이 거룩히 여김을 받으시오며 (중략) 우리를 시험에 들게 하지 마옵시고 다만 악에서 구하시옵소서 (나라와 권세와 영광이 아버지께 영원히 있사옵나이다 아멘)".

그렇지만 우리가 예배 서두에 신앙고백으로 암송하는 사

도신경은 성경에 나오지 않으며, 기도문도 아니다. 사도신경은 주기도문, 십계명과 함께 신앙생활을 처음 시작할 때부터 기독교인으로서 가장 기본적으로 알아야 할 신앙의 교범처럼 알아 왔던 것이다. 주기도문과 십계명은 성경에 언급되어 있는데 사도신경은 왜 성경에서 찾을 수 없는 것일까.

사도신경은 지금으로부터 약 1천7백 년 전인 A.D. 325년에 있었던 '니케아신조'를 시발점으로 하는 오랜 역사를 가지고 있으며, 그 출발점에 대해서는 여러 가지 설이 있다. 사도신경은 "사도 시대 이후의 긴 역사를 통해 보완과 삽입을 통해 발전을 거듭한 끝에 완성된 것"이라는 설명도 있다.

한편 사도신경에 나오는 '거룩한 공회'의 영어 원문이 'the Holy Catholic Church'이기 때문에 사도신경이 가톨릭 교회의 산물이라는 주장도 있어 눈길을 끈다. 기자도 주기도문과 사도신경의 영문을 찾아보면서 왜 '거룩한 가톨릭 교회'로 되어 있는지 늘 궁금했었다.

하지만 '거룩한 공회(the Holy Catholic Church)'는 단순하게 가톨릭 교회만을 지칭하는 말이 아니라는 설명을 듣고는 속히 후련해졌다. 장로회신학대학교 성지연구원의 정연호 목사는 사도신경의 거룩한 공회가 "예수님 사후 사도들이 세운 교회와 중세의 교회 그리고 오늘날의 모든 교회, 미국이나 아프리카나 우리나라의 모든 교회가 그리스도의 한 몸임을 말하는 것"이라고 설명한다.

기도문이 아닌 사도신경을 마치 기도처럼 암송하는 것도 의아했지만 거룩한 공회의 영어 원문이 왜 가톨릭 교회였는지는 정말 궁금한 문제였다. '거룩한 공회를 믿는다'라는 고백은 초대 교회나 중세의 교회는 물론 현재의 모든 교회가 그리스도의 한 몸임을 믿고 함께 기도해야 할 지체를 말한다는 설명은 막힌 체증을 시원하게 뚫어준 일이었다.

개신교 교회와 가톨릭 교회의
십계명은 똑같을까?

"나를 사랑하고 내 계명을 지키는 자에게는
천 대까지 은혜를 베푸느니라" – 출애굽기 20:6

출애굽기 20장은 3절부터 17절까지 "너는 나 외에는 다른 신들을 네게 두지 말라"를 시작으로 십계명을 상세하게 설명하고 있다. 초등학교 교회학교 시절 제1계명부터 4계명까지는 하나님에 대한 계명이며, 제5계명부터 10계명까지는 사람에 관련된 것이라고 배웠던 기억이 있다.

십계명을 설명하는 출애굽기 20장은 그러나 1계명부터 10계명까지 분명하게 나누기가 어렵다. 열 가지 계명을 분류해 늘어놓은 – 주로 찬송가 표지에 들어 있는 것을 본다

– 것과 출애굽기 20장을 차례대로 대조해야 머릿속에 쏙쏙 들어오는 것을 경험한다.

인터넷에서 우연히 가톨릭 교회의 십계명은 개신교 교회의 그것과 조금 다르다는 얘기를 보았다. 우리가 아는 십계명은 1-4계명까지가 하나님과 인간의 관계에 대한 언급이지만 가톨릭 교회는 2계명인 "너를 위하여 새긴 우상을 만들지 말고(하략)"를 제1계명과 함께 취급하고 있어 1-3계명까지만 하나님과 인간과의 관계를 설정하고 있다는 것이다.

가톨릭 교회는 그 대신 개신교 교회의 열 번째 계명인 "네 이웃의 아내를 탐내지 말지니라"를 둘로 나누어 '이웃의 집을 탐내지 말라'와 '이웃의 아내를 탐내지 말라'로 세분해 놓고 있다. 가톨릭 교회의 십계명뿐만 아니라 유대교가 사용하는 십계명도 개신교 교회나 가톨릭 교회의 그것과 다르다고 한다.

출애굽기 20장에서 처음 언급되고 신명기 5장에서 다시 반복 설명되는 십계명이 이렇게 개신교 교회와 가톨릭 교회가 다른 이유는 무엇일까. 성경에서 보듯이 십계명은 '제1은 나 외에 다른 신을 섬기지 말라. 제2는…' 이런 식으로 설명되어 있지 않기 때문이다. 찬송가 속표지에 나와 있는 십계명은 편의상 분류하여 번호로 표기했을 뿐이다.

미국 달라스 웨슬리연합감리교회 이진희 목사가 쓴 『어 그게 아니네』는 이와 관련해 "개신교 교회와 가톨릭 교회, 유대교의 십계명을 다 합치면 모두 12개가 되지만 모두가 10개의 계명으로 분류해 사용하고 있다"라고 설명하고 있 다.

순서가 다르다거나 분류를 다르게 했다고 해서 본질이 변하는 것은 아닐 테다. 시내 산에서 모세가 받은 '열 개의 계명'은 분명하고도 명확하게 성경에서 보여주고 있기 때 문이다.

남자만 5천 명이 먹었다는데…, 여자는?

> "저녁이 되매 제자들이 나아와 이르되
> 이 곳은 빈 들이요 때도 이미 저물었으니
> 무리를 보내어 마을에 들어가 먹을 것을 사 먹게 하소서"
>
> – 마태복음 14:15

비기독교인이라도 알고 있는 성경이야기에는 물이 포도주가 된 가나의 혼인잔치 사건을 비롯해 몇 가지가 있는데 보리떡 다섯 개와 물고기 두 마리로 5천 명이 먹고 남았다는 오병이어의 이야기도 그 중 하나다. 오병이어는 기독교인들에게 각종 모임의 이름이나 중창단, 찬양단의 이름 등으로 흔히 사용되는 사자성어가 된 지 오래다.

언제부터 그렇게 생각했는지는 알 수 없지만 아마도 초등학교 교회학교 시절 들었던 설교에서부터 그렇게 기억에 남은 것 같다. 오병이어를 나누어 먹은 5천 명에는 여자는 포함되지 않았으며, 예수님 당시에는 모인 사람들의 수를 셀 때 여자와 어린아이는 제외했다는 설명이 머릿속에 남아 있다.

그런데 오병이어의 기적을 이야기하는 성경은 그런 친절한 설명은 달지 않고 있다. 요한복음 6장 1-13절에서는 '큰 무리' 또는 '이 사람들' 그리고 '이 많은 사람에게' 등으로만 표현하고 있다. 요한복음 어디에도 '여자와 어린이를 제외하고 성인 남자만 5천 명이었더라'라고 설명하고 있지는 않다.

하지만 오병이어의 기적은 요한복음에서만 언급되는 것은 아니다. 요한복음 외에도 마태복음과 마가복음, 누가복음 등 4복음서에는 어김없이 오병이어의 기적이 설명되어 있는데, "먹은 사람은 여자와 어린이 외에 오천 명이나 되었더라(마 14:21)", "떡을 먹은 남자는 오천 명이었더라(막 6:44)"라고 기록하고 있다. 마태복음과 마가복음은 떡을 먹은 사람들이 여자와 어린아이 외에 성인 남자만 5천 명으로 계수하고 있으며, 누가복음과 요한복음은 이런 구체적인 설명을 생략하고 있음을 볼 수 있다.

'남녀평등'이라는 말조차 남성 우월주의적인 용어라는 지적으로 '양성평등'이라는 말이 사용될 정도로 여성의 지위가 향상된 요즘은 상상도 못할 일이지만, 당시의 문화가 그랬다는데 할 말은 없다. 다만 오병이어의 기적은 떡과 물고기를 먹은 성인 남성만 5천 명이었으니, 여자와 어린이를 포함하면 얼추 1만 명은 넘었을 것이라는 추측이 가능해진다.

물고기 두 마리와 보리떡 다섯 개로 5천 명이 먹으면 작은 기적이고 1만 명이 먹었다면 큰 기적인 것은 아니기에 5천 명이냐 1만 명이냐가 중요한 것은 아닌 듯하다. 2천 년 뒤 세상은 엄청나게 변했고, 예수께서 행한 기적을 읽으면서 우리는 어떤 감동을 받을 것인지를 준비하는 것이 더 중요할 것 같다.

두 제자가 향해가던 엠마오

"그 날에 그들 중 둘이 예루살렘에서
이십오 리 되는 엠마오라 하는 마을로 가면서
이 모든 된 일을 서로 이야기하더라" - 누가복음 24:13-14

아주 오래된 복음성가 중에 "엠마오 마을로 가는 두 제자 절망과 공포에 잠겨있을 때…(하략)" 이렇게 시작하는 노래가 있다. 누가복음 24장에, 신구약 성경을 통틀어 단 한 번 등장하는 엠마오(Emmaus)는 오늘날 복음성가에서도, 서점과 출판사 등의 이름으로도 널리 사용되는 성경의 지명 중 하나다.

누가복음 24장 13절, 엠마오로 가는 두 제자를 설명하는 구절은 "예루살렘에서 이십오 리 되는 엠마오라 하는 마을"

이라고 설명하고 있다. 대부분의 성경이 제공하는 '신약 시대의 팔레스타인 지도'에도 예루살렘 근처에서 엠마오의 지명을 발견할 수 있다. 예루살렘에서 북서쪽 그러니까 지중해 쪽, 욥바로 가는 길에서 찾을 수 있다.

성경책이 제공하는 지도가 무엇을 근거로 엠마오의 위치를 표기했는지는 정확히 알 수 없지만 현재 엠마오의 위치는 정확하게 알 수 없다는 것이 대부분의 의견이다. 백과사전은 물론 인터넷에서 찾은 엠마오에 대한 거의 모든 정보도 "성경의 묘사가 정확하지 않은 관계로 이 장소의 정확한 위치를 찾기란 불가능하다"라고 설명한다.

『기독교대백과사전』은 누가복음에 의한 유일한 단서로 예루살렘에서 12킬로미터쯤 떨어진 "신약의 엠마오 마을이라고 주장되는 현대의 마을이 적어도 4개나 된다"고 설명하고 있다. 칼로니예(Colonia)와 엘 쿠베이베(El-Qubeibeh)와 아부 고슈(Abu Ghosh) 그리고 암와스(Amwas) 등의 마을로서 예루살렘으로부터 떨어진 거리 역시 6.4킬로미터에서 32킬로미터까지 다양하다고 한다. 이 가운데 예루살렘 서쪽으로 11.2킬로미터 떨어진 엘 쿠베이베를 신약의 엠마오 마을로 연관시키는 것이 가장 오래된

전통적 견해라고 이 백과사전은 덧붙이고 있다.

　믿고 따르던 그리스도의 죽음을 확인한 제자 두 사람이 실망하고 낙담하며 낙향하는 길에 부활하신 예수님을 만났다. 지금 엠마오의 이름을 가진 마을은 찾을 길이 묘연하지만 후대의 사람들은 갖가지 것들에 엠마오라는 이름을 차용하고 있다. 낙담하고 실망할 일들이 더 많은 것이 세상 사는 일이라면, 그 세상 사는 길에서 그리스도를 만나는 의미를 되새기고 있는 것인지도 모른다.

올림픽 축구 8강전이 열린 곳, 데살로니가

"바울과 실루아노와 디모데는 하나님 아버지와
주 예수 그리스도 안에 있는 데살로니가인의 교회에 편지하노니
은혜와 평강이 너희에게 있을지어다" – 데살로니가전서 1:1

바울 서신으로 친숙한 신약의 책들 중에서도 고린도전·후서, 갈라디아서, 에베소서, 빌립보서, 골로새서, 데살로니가전·후서 등은 바울의 전도여행으로 교회가 세워진 지역의 이름을 따거나 사도 바울과 관련이 있는 지명들이다.

고린도전서 1장 2절은 "고린도에 있는 하나님의 교회 … (중략) 예수 그리스도의 이름을 부르는 모든 자들에게"로 시작하고, 갈라디아서 1장 2절도 "갈라디아 여러 교회들에게"로 시작하고 있다. 에베소서와 빌립보서 그리고 골로새

서와 데살로니가전 · 후서 모두 그 지역 교회의 성도들에게 바울을 비롯한 사도들이 쓰는 편지의 형식을 갖추고 있다.

그렇다면 이들 지역의 교회는 지금도 남아 있어 우리가 가서 볼 수 있으며, 지역의 이름도 그대로일까? 바울을 비롯한 초대교회 사도들에 의해 세워진 대부분의 교회는 지금도 갈 수 있으며, 많은 크리스천들이 성지여행으로 다녀가는 곳들이다.

고린도(Corinth)는 코린토스로 불리는 그리스의 한 도시로 지금도 그 흔적이 남아 관광도시 역할을 하고 있으며, 갈라디아(Galatia)는 몇 가지 설이 있긴 하지만 오늘날 터키의 앙카라를 중심으로 하는 주(州)의 이름이다.

에베소는 터키 서부 해안에 위치한 에페스(Ephesus), 빌립보는 그리스 북동부 해안도시 필리피(Philippi), 골로새는 터키 남서부에 위치한 골로세(Colosse), 데살로니가는 그리스의 테살로니키(Thessaloniki 혹은 Thessalonica)다. 테살로니키는 지난 2004년 여름 아테네올림픽에서 우리나라 축구 대표팀이 말리와 예선 마지막 경기로 8강에 올랐고, 파라과이와 4강 진출을 놓고 다툰 곳으로도 유명한 곳이다.

텔레비전으로 축구 중계를 볼 때는 우리나라가 2002년 월드컵 4강에 이어서 올림픽 축구 역사상 처음으로 4강에 진출하느냐에 온통 관심이 쏠려 "대~한민국"을 연발하느라 테살로니키에는 별다른 신경을 쓰지 못했다. 하지만 축구경기를 중계한 해설자가 말하는 테살로니키를 듣는 순간 바울의 2, 3차 전도여행지였던 데살로니가 교회를 떠올렸을 크리스천 축구팬들도 저지 않았을 듯하다.

실제로 올림픽 축구 예선과 8강 경기가 열리던 2004년 8월 18-19일 인터넷에는 "그리스 테살로니키가 성경의 데살로니가와 같은 곳인가?"라고 묻는 질문들이 인터넷에 많이 올라왔다고 한다.

성경의 책으로 남은 이름들

"아빠" 소리를 처음 들었을 때의 감동

소녀야 일어나라, 달리다굼

열려라, 에바다

아구스도와 옥타비아누스는 무슨 관계?

동방박사는 세 명이 아니라는데?

나도 시므온과 안나처럼 늙고 싶다

스올이 뭐예요?

셀라는 읽어야 해요, 말아야 해요?

진짜 '젖과 꿀이 흐르는 땅'인가요?

성경에 나오는 '성경'

마케도니아, 마게도니아, 마게도냐

분쟁의 땅 가자지구, 가사

여부스와 예루살렘은 한 동네

이스라엘에는 베들레헴이 두 곳이다

미스바, 기도는 우리의 힘

성경의 책으로 남은 이름들

"우리 구주 하나님과 우리의 소망이신 그리스도 예수의 명령을 따라
그리스도 예수의 사도 된 바울은 믿음 안에서
참 아들 된 디모데에게 편지하노니" – 디모데전서 1:1-2

바울서신 중에서 고린도전·후서, 갈라디아서, 에베소서, 빌립보서, 골로새서, 데살로니가전·후서 등은 사도 바울의 전도여행으로 교회가 세워진 지역의 이름을 땄거나 사도 바울과 관련이 있는 지명을 빌린 책이다. 그리고 데살로니가전·후서 뒤로 나오는 디모데전·후서를 비롯해 디도서, 빌레몬서 등 네 권의 책은 사도 바울의 믿음의 동역자들의 이름을 차용한 것이다.

바울의 전도여행으로 교회가 세워진 지명을 딴 책들처럼

바울의 믿음의 동역자들의 인명을 빌린 책들은 모두 같은 형식으로 시작한다. 디모데전서 1장 2절은 "믿음 안에서 참 아들 된 디모데에게 편지하노니…"로 시작되고 있으며, 디도서 역시 1장 4절에서 "…같은 믿음을 따라 나의 참 아들 된 디도에게 편지하노니…"로 시작된다. 한 장밖에 안 되는 빌레몬서 역시 1절과 2절에서 "…동역자인 빌레몬과 자매 압비아와 우리와 힘께 병사 된 아킵보와 네 집에 있는 교회에 편지하노니"로 시작해 제자들에게 편지를 쓰는 형식을 갖추고 있다.

디모데전·후서의 주인공인 디모데의 영어 이름은 오늘날 티모시(Timothy)로 알려져 있으며, 영어 성경에서 디도는 티투스(Titus)로, 빌레몬은 필레몬(Philemon)으로 각각 나타난다. 이들 중에서 그나마 귀에 익은 티모시 외에 다른 두 사람의 이름을 지금은 서양 사람들 속에서 찾아 듣기 어렵다. 빌레몬과 함께 바울의 편지를 받은 다른 두 사람, 압비아(Apphia)나 아킵보(Archippus) 역시 마찬가지다.

바울서신 외에도 성경 66권에 걸쳐 등장하는 수많은 이름 중에는 디도와 빌레몬, 압비아와 아킵보말고도 후대에는 잘 전해지지 않는 이름을 가진 이들이 무수히 많다. 그렇지만 바울의 편지를 받았던 사람들은 영광스럽게도 그 이름이 성경의 66권 중 한 책으로 후대에 영원히 남게 된 사실도 확인할 수 있다.

크리스천으로 21세기를 살아가는 우리는 바울의 제자들처럼 성경에 이름을 올리는 영광을 얻지는 못한다. 그러나 우리는 적어도 일주일에 한번씩 사도신경을 통해 거룩한 공회를 믿는다고 고백하는 이상 티모시와 티투스 그리고 필레몬과 마찬가지로 모두가 예수의 제자들이라는 사실을 잊지 말아야겠다.

"아빠" 소리를
처음 들었을 때의 감동

다른 사람이 기도하는 중에 "아바 아버지"라고 말하는 것을 처음 들었을 때 '말을 더듬는 건가?' 그렇게 생각했었다. 하지만 반복해서 이 말을 듣게 되면서 '말을 더듬는 게 아닌 건 확실한데, 아빠 아버지란 거야, 뭐야', 궁금했다.

개역한글판 성경에는 "아바 아버지"가 신약에서만 세 차례, 마가복음 14장과 로마서 8장 그리고 갈라디아서 4장에서 각각 나온다. 영어 성경은 이 말을 "Abba, Father"라고, 공동번역 성경은 "아빠 아버지"로 각각 번역하고 있다. 이

쯤되면 '아바 아버지'의 '아바'는 '아빠'를 지칭하는 말이라고 쉽게 이해할 수 있다. 개역개정판 한글 성경도 아바를 아빠로 고쳤다.

Abba를 영어 사전에서 찾으면 "성서에서 사용되는 단어로 아버지라는 뜻을 가졌다. 기도할 때 쓰던 아람어로 '사부님(father)'이라고 부르는 호칭"이라고 설명하기도 한다. 우리나라에서 특히 큰 인기를 모은 스웨덴 출신의 혼성 4인조 락그룹 '아바'도 영문으로 'Abba'를 쓰는데 같은 뜻이 아닐까 생각한다.

백과사전의 아바에 대한 설명도 '아빠쯤 되지 않을까?' 했던 처음의 상상에서 크게 벗어나지 않는다. '아바'에 대한 장황한 설명을 요약하면 어형(語形)적으로 '나의 아버지'와 '아빠' 등 두 가지로 번역할 수 있으며, 비교언어학에 의하면 아람어를 사용하는 가정에서 자라는 유아와 어린이들의 더듬거리는 말에서 생겨난 용어로 점차 널리 사용되었다는 설명도 있다.

어린이들이 말을 더듬었던 데에서 생겨난 용어라는 설명을 보면 처음 '아바 아버지'라는 말을 듣고 '말을 더듬는구나' 하고 생각했던 것도 무리는 아니었다 싶다.

장가들어 처음 아기가 생겼을 때의 기쁨은 다시 생각해도 가슴 벅차오르는 감동이었으며, 그 아기가 자라서 "아빠"라고 불렀을 때의 감동은 가슴 벅차다는 표현만으로는 부족한 그 이상의 것이었다. 그 아기는 이제 더 많이 커서 전화기에 대고 "아빠! 빨리 들어와서 우리랑 놀자"라고 때때로 졸라댄다.

내가 딸 아이에게 '아빠' 소리를 듣고 좋아하듯 아마도 하늘에 계신 하나님 아버지도 우리가 부르는 '아빠' 소리를 즐겨 듣기 원하지 않으실까.

소녀야 일어나라, 달리다굼

이 단어를 처음 접한 건 불행히도 성경책에서가 아니라 길거리 호떡집에서다. 추운 겨울날 거리에서 포장을 치고 호떡을 파는 집의 이름이 달리다굼이었다. 직감적으로 '성경에서 따온 말이겠다' 생각은 했지만 성경 어디에 나오는 말인지 몰랐으니 '달리다굼'이 무슨 뜻인지는 더욱 알 수가 없었다.

달리다굼. 유대인들이 사용하던 아람어로 '탈리타(Talitha)'는 소녀, '쿰(Cumi)'은 일어나라는 뜻이며 '소녀야 일어나라' 라는 뜻을 히브리어로 말하면 탈리타쿰이라는 것이 백과사전의 설명이다. "예수 그리스도가 회당장인 야이로의 12살배기 딸을 살릴 때 한 말. 회당장의 딸이 죽었다고 사람들이 와서 말했을 때 예수는 옆에서 듣고 있던 회당장에게 두려워 말고 믿기만 하라고 했다"라고 백과사전은 덧붙이고 있다.

백과사전의 설명대로 '달리다굼'은 마가복음 5장 41절에서 "그 아이의 손을 잡고 이르시되 달리다굼 하시니 번역하면 곧 내가 네게 말하노니 소녀야 일어나라 하심이라"는 말씀으로 등장한다. 신구약 성경을 통틀어 단 한 차례만 성경에 나오는 말이다.

그렇게 설명을 듣고 보니 길거리에서 보았던 '달리다굼 호떡집'은 유독 장애인들이 운영하는 집이 많았던 것으로 기억된다. 예수님이 죽은 딸을 살리면서 "소녀야 일어나라"라고 말씀하신 것에 의지해 새로운 삶을 얻고 싶은 장애인들의 마음이 읽혀지는 대목이다.

달리다굼선교회, 달리다굼복지관 등, 달리다굼이 갖는 의미 때문인지 사회복지기관이나 교회에서도 많이 사용하는 이름 중의 하나다. "캄캄한 인생길 홀로 걸어가다가…"

로 시작하는 '달리다굼' 이라는 복음성가도 있다.

옥수수를 팔던 노점상의 아주머니 아저씨들은 날씨가 추워지면 붕어빵과 호떡으로 종목을 변경하고 손님들을 기다릴 테다. 그 겨울에 보았던 길거리 달리다굼 호떡집의 장애인들도 호호 손을 불며 겨울 날 채비를 서두르고 있을 테다. "애야, 어서 일어나라"라며 내미는 그리스도의 손길을 기다리는 이들에게 우리들도 손을 내밀어 따뜻한 마음을 나눌 수 있기를 기대한다.

열려라, 에바다

"하늘을 우러러 탄식하시며 그에게 이르시되 에바다 하시니
이는 열리라는 뜻이라" - 마가복음 7:34

한때 경기도 모 지역에서는 '에바다'라는 이름의 한 사
회복지시설의 원생들이 "더 이상 주린 배를 채우기 위해 쓰
레기통을 뒤질 수는 없다"라며 농성을 벌여 사회적 주목을
받은 일이 있었다. 언론으로부터 큰 주목을 받아 여러 방송
에서 다뤘던 기억이 있다. 지금 그 일이 어떻게 마무리 되었
는지, 그 당시 에바다의 원생들이 어떻게 되었는지는 정확
히 알 수 없지만, 장애인 시설이었던 만큼 서로가 큰 상처없
이 화합되었으면 하는 바람이다.

'에바다'는 '달리다굼'과 마찬가지로 성경에는 단 한 차례만 나오는 단어이며 마가복음 7장 31-35절까지의 말씀에 등장한다. "귀 먹고 말 더듬는 자"를 고치시며 예수님이 하신 말씀이다. 갈릴리에서 예수님은 이 장애인을 보시고 하늘을 우러러 탄식하시며 '에바다(Ephphatha: NIV)'라고 말하셨는데, "열려라"라는 뜻이라고 백과사전은 설명하고 있다.

일반적으로 듣지 못하는 장애를 가진 사람은 말하지 못하는 장애를 함께 동반하는 '이중장애'를 겪는 것으로 알려져 있으며, 통상 '농아'로 표현된다. 그들은 비장애인들과 어울리지 않고 같은 장애를 가진 동병상련의 동료들끼리 더 잘 어울리는 것을 볼 수 있다. 그래서 한 사람의 예비장애인(나도 언젠가는 장애인이 될 가능성이 있는 사람이다)인 나는 그들을 볼 때마다 미안한 마음을 갖는다.

어쨌든 듣지 못해 말을 더듬는 장애인에게 예수께서 "열려라(에바다)"라고 말씀하셨다니 그 정확성에 다시 한 번 놀라게 된다. '귀를 열라'고 하셨다기보다는 '입을 열라'고 하신 말씀으로 들리기 때문이다.

"에바다(열려라)"는 예수님이 죽은 소녀에게 말씀하신

"달리다굼(소녀야 일어나라)"과 함께 장애인 관련 기독교 사회복지기관이나 장애인 교회, 선교회 등이 많이 사용하는 단어 중 하나다. 경기도 모 지역의 그 사회복지시설처럼 '에바다농아원'을 비롯해 '에바다장애인복지관' 등이 그런 예다.

날씨가 추워지면 장애인 시설에 있는 우리 이웃들의 마음도 더불어 추워진다. 살기 어렵다고 엄살은 떨어도 "에바다" 하고 말씀하신 예수님의 위로가 필요한 이들을 잊지는 말아야겠다.

아구스도와 옥타비아누스는
무슨 관계?

"그때에 가이사 아구스도가 영을 내려
천하로 다 호적하라 하였으니" – 누가복음 2:1

2천년 전 나사렛에 살던 요셉은 정혼한 부인 마리아와 함께 길을 떠나 베들레헴으로 간다. 그들이 만삭의 몸을 이끌고 가지 않을 수 없었던 이유는 로마 황제의 지엄한 명령을 지키지 않을 수 없었기 때문. 아기 예수가 아버지의 집에서 편히 세상에 나오지 못하고 타향 마굿간에서 나도록 이런 명령을 내린 로마 황제는 누구일까?

성경에 의하면 로마 황제 아구스도는 속국 이스라엘 백성들에게 다음과 같은 명령을 내렸다. "천하로 다 호적하라"(눅 2:1). 예수 시대에 유대를 다스렸던 로마 황제는 아구스도였다는 사실을 알 수 있다.

아구스도는 고등학교 세계사 교과서에서 배웠던 고대 로마 시대의 황제 아우구스투스(Augustus, 존엄자)다. 오호라, 놀랍지 않은가. 수업시간에 배웠던 로마 황제가 성경에도 등장하는 것이다. 라틴어와 영어 발음 아우구스투스를 우리말로 옮겨 적는 과정에서 아구스도가 됐음도 추정할 수 있다.

아우구스투스의 본명은 가이우스 옥타비우스. 서민 출신으로 율리우스 시저가 암살된 후 그의 양자 및 후계자로 지명되어 가이우스 율리우스 카이사르 옥타비아누스로 개명했다. B.C. 43년 안토니우스, 레피두스와 함께 삼두정치(三頭政治)를 시작하면서 반대파를 추방했고 로마 세계를 3등분하여 안토니우스는 동방을, 옥타비아누스는 서방을, 그리고 레피두스는 아프리카를 각각 장악했다. 그러나 레피두스를 탈락시킨 후부터는 안토니우스와의 대립이 격화됐고, B.C. 31년 옥타비아누스는 안토니우스와 클레오파트라의 연합군을 악티움 해전에서 격파한 후 패권을 잡았다(두산백과 요약).

그러니까 아구스도는 예수 탄생 30여 년 전부터 지중해를 비롯한 로마의 권력을 차지하기 시작했고 수많은 전투와 싸움으로 패권을 완전히 장악한 뒤 41년간 통치하다 예수 탄생 후 14년만에 세상을 떠난 것이 된다. 아기 예수를 말 구유에서 나게 하는 무엄한 명령을 내리기는 했지만, 예수님을 십자가에 못 박는 또다른 악역은 다음 황제(디베료 Tiberius)에게 넘겼으니 '불행 중 다행'이라고 해야 할 듯하다.

동방박사는 세 명이 아니라는데?

"헤롯 왕 때에 예수께서 유대 베들레헴에서 나시매
동방으로부터 박사들이 예루살렘에 이르러 말하되" – 마태복음 2:1

　'성탄절에 가장 먼저 생각나는 것'을 주제로 설문조사를 한다면 가장 먼저 떠오르는 것 중의 하나가 동방박사일 테다. 산타클로스와 루돌프, 상혼(商魂)에 물든 선물과 캐롤이 아기 예수를 제치고 판치는 것은 이미 오래된 관습처럼 느껴져 뒷맛을 씁쓸하게 한다.

　최근에는 교회가 성경에 등장하는 동방박사를 친근한 이미지의 캐릭터로 만들어 보급하는 등 올바른 성탄절 의미 찾기 운동도 일어나고 있다. 그렇다면 흔히 알고 있는 것처럼 동방박사는 세 사람일까? 성탄카드에도 단골로 등장하는 이들은 언제나 세 사람이 한 팀을 이뤄 낙타를 타고 있는 것을 볼 수 있다.

정확하게 말하면 성경에는 '동방박사' 라는 단어가 나오지 않는다. 마태복음에는 '동방에서 온 박사들' 이라는 표현이 나오고 이를 사람들이 '동방박사' 라고 표현했고, 이것이 세상에 널리 알려졌다. 그리고 또 중요한 한 가지, 성경 어디에도 동방에서 '세 사람' 의 박사들이 왔다는 표현은 없다. 앞에서 얘기한 것처럼 '동방에서 온 박사들' 이라는 복수형 표현이 있을 뿐이다.

그러면 왜 사람들은 '동방박사 세 사람' 이라고 알고 있을까? 아기 예수의 탄생을 설명하는 마태복음 2장에는 동방에서 온 박사들이 별을 보고 찾아와 아기 예수께 경배하고 "보배합을 열어 황금과 유향과 몰약을 예물로" 드렸다고 보고하고 있다. 황금과 유향과 몰약이라는 세 가지 유물을 근거로 '한 사람이 한 가지 예물을 가져왔으려니' 하는 짐작으로 동방박사가 세 사람이라는 생각들을 갖게 된 것으로 보인다.

동방박사에 대해서는 이미 많은 학자들이 연구한 것으로

알려져 있으며 그 결과가 여러 곳에 나와 있기도 하다. 동방 박사들이 예수님께서 마굿간에 태어난 '그날 밤'에 경배했는지, 박사들이 이용한 교통수단은 정말 낙타였는지, 동방 박사들이 가져온 예물이 아기에게 어울리는 것인지, 박사들은 어디에서 온 사람들인지 등에 대해 학자들은 다양한 접근을 시도하고 있다.

동방박사가 가져온 예물이 아기에게 어울리는 것이었는지 아니면 메시아성을 강조하기 위한 것이었는지 그런 복잡한 얘기는 학자들에게 맡겨두어도 무방할 듯하다. 다만 거리에 울리는 캐럴이 상혼에 젖은 산타클로스와 루돌프를 부르는 세태는 아무래도 못마땅하다. 집에서 조용히 가족들과 오순도순 얘기를 나누고 아기 예수 탄생의 참 의미를 곱씹어 보는 것으로 족할 듯하다.

나도 시므온과 안나처럼 늙고 싶다

"예루살렘에 시므온이라 하는 사람이 있으니
이 사람은 의롭고 경건하여 이스라엘의 위로를 기다리는 자라
성령이 그 위에 계시더라" – 누가복음 2:25

성탄절이면 교회에서 애용하는 성경구절과 설정이 있다. 말 구유에서 예수님이 탄생하는 장면과 마리아와 요셉이 방을 찾아 헤매는 모습, 동방박사들이 예물을 가지고 오는 상황 등이 캐럴을 비롯해 성극 그리고 축하음악회 등 여러 가지 프로그램에 단골로 등장하는 성경구절과 상황이다.

그 중에서도 특히 남편 요셉이 만삭이 된 아내 마리아를 데리고 빈방을 찾아 헤메는 모습은 오늘의 상황과도 잘 맞아 떨어지는 대목이어서 '빈 방 있습니까' 라는 제목으로 무

대극이 만들어져 성탄 즈음이면 언제나 흥행리스트에 오르곤 한다.

예수 그리스도의 탄생과 관련해서 사람들의 머리에 잘 남아있지 않은 부분이 있다는 걸 발견할 수 있다. "주의 그리스도를 보기 전에는 죽지 아니하리라"는 성령의 지시를 받았던 시므온(Simeon)과 예루살렘 성전에서 84년을 기다리고 예수님을 만났던 안나(Anna)의 이야기가 그것이다(눅 2장).

처음에는 '시므온'이라는 이름에만 주목했었다. 성경에 자주 등장하는 이름으로 귀에 익숙한 '시몬(Simon)'이 있는데 시므온이라니, 혹시 똑같은 이름인데 어떤 이유가 있어 두 가지로 표현한 것은 아닐까? 땡! 아니었다. 영어성경(NIV, KJV)은 시므온을 Simeon으로, 시몬을 Simon(영어식 발음은 사이먼이다)으로 표기하고 있다. 시므온은 구약과 신약 성경에서 여러 사람의 이름으로 여러 차례 언급되고 있는 반면, 시몬은 베드로 등의 이름으로 신약에서만 언급되고 있다.

보다 중요한 건 같은 이름이냐 아니냐는 것보다 시므온, 안나와 같은 신앙의 선배들은 우리가 성탄절에 한번 생각해

봄 직한 인물이라는 점이다. "의롭고 경건하여 이스라엘의 위로를 기다리는 자"라는 평가와 함께, 그리스도의 탄생을 보기 전에는 죽지 않으리라는 성령의 지시를 받았다는 시므온. 그리고 84년 동안 성전을 떠나지 않고 주야로 금식하며 기도하는 중에 그리스도를 본 안나. 성탄절에 시므온과 안나를 생각하면, 한평생 세상을 살다가 가는 것이 인생이라는데, 나도 그 사람들처럼 영광스럽게 늙어갈 수 있으면 좋겠다는 생각이 간절하다.

스올이 뭐예요?

우리 회사에서는 매일 아침 아홉시에 전체 직원이 말씀 묵상 교재를 가지고 경건회를 갖는다. 이 단어를 처음 본 건 경건회 때였다.

시편 18편 5절에는 "스올의 줄이 나를 두르고 사망의 올무가 내게 이르렀도다"라고 씌여 있다. 시편에서만 열다섯 차례나 언급되는 '스올(Sheol)'은 사실 구약 전반에 걸쳐서 볼 수 있다. 창세기를 비롯해 구약 성경에서 64회나 언급되고 있는 스올은 음부(陰府), 다시 말해 밑바닥이 없는 곳 혹은 깊이를 알 수 없는 심연을 일컫는 말로 죽음이나 무덤을 뜻한다.

음부라고 하면 스올보다는 낯익은 단어다. 개역한글판 성경의 창세기 37장 35절 하반절 "내가 슬퍼하며 음부에 내려 아들에게로 가리라 하고 그 아비가 그를 위하여 울었더라"는 말씀을 비롯해 교회에서 자주 들어 귀에 낯설지 않은 말이다.

스올은 음부와 같은 말로 사용되는 것으로 보인다. 왜냐하면 앞서 언급한 개역개정판 한글 성경 시편 18편 5절의 "스올의 줄"은 개역개정판 이전의 성경인 개역한글판에 "음부의 줄"로 번역되어 있었기 때문이다. '음부'를 그대로 '스올'이라는 단어로 대치시킨 것이다.

백과사전은 "음부라는 말이 구약성서에는 스올로, 신약성서에는 하데스(Hades)로 언급되어 있다"라고 밝히고 있다. 신약에서는 음부를 스올 대신 하데스로 언급하고 있을까? 아니다. 신약은 물론 한글 성경 어디에도 하데스라는 표현은 없다. 그 대신 한글 성경에서 음부로 표현된 부분을 영어 성경에서 찾으면 하데스(Hades)를 찾을 수 있다.

요한계시록 20장 14절에 나오는 "사망과 음부"는 영어 성경(NIV)에서 "death and Hades"로 번역되어 있는 것을 볼 수 있다. 이밖에도 한글 성경에 언급된 '음부'는 영어표현으로 Depth(구렁텅이)나 Hell(지옥) 혹은 Grave(무덤) 등으로 번역되기도 한다.

음부, 즉 스올은 죽음이나 무덤을 가리키지만 성경에서 악한 사람이 죽어서 형벌을 받는 장소(신 32:22)나 의인과 악인이 죽어서 함께 가는 곳(호 13:14)으로도 사용된다는 것이 백과사전의 설명이다.

굳이 백과사전의 이같은 표현을 빌리지 않더라도 시편 23편 4절의 "사망의 음침한 골짜기"라는 표현은 스올이 어떤 곳인지를 상상할 수 있도록 구체적으로 설명하고 있다. 성경이 쓰여지던 때의 음침한 골짜기가 스올이었다면, 오늘날에는 화려한 네온싸인 희번쩍이는 유흥가의 뒷골목을 스올이라고 봐도 무방할 듯하다.

셀라는 읽어야 해요, 말아야 해요?

"땅의 왕국들아 하나님께 노래하고 주께 찬송할지어다 (셀라)"

– 시편 68:32

    실은 교회학교 시절에 성경공부를 하면서 시편에 자주 등장하는 '셀라'에 대해 배웠던 기억은 있다. 그렇지만 그 말이 정확히 무엇을 뜻하는지는 잘 모르겠다.

    교회에서 혹은 가정에서 여럿이 돌아가며 성경을 읽는 중에 이 단어가 나오면 읽어야 할지 혹은 읽지 않고 그냥 지나쳐야 하는지 교회학교 시절 이후 지금까지도 역시 헷갈리기는 마찬가지다. 읽고 지나가자니 왠지 어색하고 뜻도 잘 모르겠다. 그렇다고 읽지 않고 지나가려니 어쩐지 '일점일

획도 틀리지 않는' 성경을 불경스럽게도 무시하는 느낌이 드는 것이 헷갈리는 이유다.

최근의 경험으로는 '셀라'를 읽는 추세지만 그래도 여전히 '셀라'를 읽지 않은 채 생략하는 사람들도 가끔 볼 수 있으며, 어떤 목사님의 경우에는 "읽는 것이 아니다"라고 주장하기도 한다.

그런데 이처럼 어떻게 하는 것이 좋을지 모르는 사람들에게 미국의 한 목회자는 지금까지 연구된 것들을 종합해 '셀라'가 오늘날로 말하면 음표 기호이며 음표를 읽을 필요는 없는 것이라고 말한다. 그러면서 이 목회자는 "그러나 혹시 읽었다고 해서 그것이 크게 잘못되었다고 보지는 말아야 할 것이다. 왜냐하면 일점일획이라도 하나님의 말씀으로 믿고 귀하게 여기는 그 순수한 마음과 믿음을 하나님께서는 귀하게 보실 것이 틀림없기 때문"이라고 부언하고 있다.

셀라는 시편 1백50편 가운데 39편의 시에서 모두 71회에 걸쳐 사용되었으며, 하박국 3장에도 세 차례나 나오는 단어라는 건 백과사전을 뒤지면서 알게 됐다.

일반 백과사전은 물론 『성서백과사전』도 역시 공통적으로 "이 말의 뜻은 아직 잘 파악되어 있지 않다"라고 말한다.

다만 셀라(Selah)는 '목소리를 높이다' 또는 '찬양하다'라는 뜻의 히브리어라는 정도만 파악되고 있다고 한다. 교회학교에서 배우고도 정확한 의미가 머릿속에 남아 있지 않았던 것도 아마 이 때문이 아니었던가 싶다.

현재 전해지는 가장 오래된 그리스어역 구약 성경인 '70인역 성서'의 번역자들은 '셀라'가 관현악단에게 "올리라"라고 지시하는 것으로 이해했던 것 같다는 설명도 찾을 수 있다. 셀라가 나오면 노래하던 사람은 조용히 하고 관현악단만 악기를 연주한다는 것이다.

"신호와 함께 영광송이나 축복송을 제창한 것으로 추측되기도 한다. 통상적으로 셀라가 매우 중요한 내용이 있은 직후 잠시 중단할 만한 좋은 위치를 지시해주고 있다는 점에서 휴지부를 나타낸다는 주장도 있다"라는 것은 인터넷(네이버 www.naver.com)에서 찾은 설명이다.

진짜
'젖과 꿀이 흐르는 땅'인가요?

"여호와께서 우리를 기뻐하시면 우리를 그 땅으로 인도하여 들이시고
그 땅을 우리에게 주시리라 이는 과연 젖과 꿀이 흐르는 땅이니라"
— 민수기 14:8

교회학교 시절 "젖과 꿀이 흐르는 가나안"이라는 말을 들었을 때는 비옥한 땅, 즉 농사도 잘될 뿐만 아니라 기후도 매우 좋은 그런 나라를 상상했다. 교회학교 선생님들은 두 사람이 포도 한 송이를 끙끙대며 들고 가는 모습을 설명해 주셨고, 우리는 그것을 들은 그대로 믿었다.

머리가 커진 후, 이스라엘 성지의 모습을 사진으로 접하였을 때, 실망스럽고 의심스러운 구석이 한두 군데가 아니었다. 이스라엘 땅은 말로 들었던 대로 '젖과 꿀'이 흐르기

는커녕 삭막한 모래바람이 불 것만 같은 황량한 땅의 모습을 하고 있었다. '그 삭막한 이스라엘 땅에 비하면 우리나라야말로 젖과 꿀이 흐르는 땅이 아닐까' 하는 생각도 지울 수 없었다.

그러다가 이스라엘을 가게 될 기회가 생겼다. 2005년 '예루살렘 평화행진'을 취재하기 위해 예루살렘 현지를 가게 된 것이다. 있는 모습 그대로를 보여주는 것이 사진인데, 비행기를 타고 멀리 한국에서 온 기자에게 이스라엘은 사진과 다른 모습을 보여줄 턱이 없었다. 사진에서 본 그대로 이스라엘은 삭막하고 황량한 나라였다.

수도 예루살렘과 베들레헴 그리고 텔아비브와 하이파 등 익히 알려진 도시를 제외하면 자동차로 달렸던 대부분의 지역에 사막에서와도 같은 황량한 모래바람이 불었다. 그런데 어쩌자고 성경은 이스라엘, 그러니까 가나안 땅을 두고 '젖과 꿀이 흐르는 땅'이라고 뻥(?)을 친 것일까. 도무지 이해할 수 없었다.

하지만 성지연구소 정연호 목사를 만나면서 이런 의심은 금새 해결됐다. 이스라엘을 중심으로 보면 이집트와 요르단, 시리아, 레바논, 좀 더 멀리로는 터키와 사우디아라비아, 이라크 등의 나라가 이웃나라들이다. 이집트의 삼각주 평야를 제외하면 이스라엘 주위의 모든 지역은 거의 황무지와 다름없는 사막국가들이라는 사실을 알 수 있다. 이스라엘, 가나안 지역을 이들 나라와 상대적으로 비교해보면, 그런대로 물이 있고 나무가 자랄 수 있는 땅이다. 그런 이해에 기반하면 가나안은 '젖과 꿀이 흐르는 땅'이 맞다.

애굽(이집트)를 떠난 이스라엘 백성들은 40년을 광야(시나이 반도와 요르단 지역)에서 지낸 뒤에 가나안으로 들어왔다. 그런 그들에게 가나안은 분명 젖과 꿀이 흐르는 땅이 틀림없었을 것이다. 한반도 금수강산에서 자란 우리의 눈으로만 보면 이해하기 힘든 말이긴 하지만 말이다.

성경에 나오는 '성경'

"너희가 성경에서 영생을 얻는 줄 생각하고 성경을 연구하거니와
이 성경이 곧 내게 대하여 증언하는 것이니라" – 요한복음 5:39

우리가 읽는 66권의 신구약 한글 성경에서는 신기하게
도 '성경'이라는 단어를 찾아 볼 수 있다. 아침 경건회 시간
에 성경을 읽다가 누가복음 24장에서 '성경'이라는 단어를
발견하고 신기했다.

인터넷 성경을 뒤졌더니 누가복음뿐만 아니라 개역개정
판 한글 성경에는 신약에서만 모두 50차례나 '성경'이라는
단어가 등장했다. 구약에는 나오지 않는다. 개역한글판 성
경에서보다 네 곳이나 많은 사실을 발견할 수 있다.

그렇다면 신약시대에 이미 지금과 같은 의미와 형태의

성경이라는 단어가 사용된 것일까. 그렇지 않을 것이라는 사실은 충분히 짐작할 수 있다. 신약 성경은 예수님의 부활 이후에 주로 예수님의 제자들이 쓴 책들인데, 책이 쓰여지기도 전에 '성경'이라는 말로 불렸을리는 없기 때문이다.

그러면 어째서 신약 성경 곳곳에서 '성경'이라는 단어를 볼 수 있는 것일까. 영어 성경을 들여다 보면 쉽게 의문이 풀린다. 한글 성경이 '성경'이라고 번역한 것을 영어 성경에서 보면 '바이블(Bible)'이 아니라 '스크립춰(Scripture)'로 표현되어 있다. "성경에 이르되…"로 표현된 로마서 10장 11절 말씀은 영어 성경에서 "As The Scripture says…"로 표현되는 식이다.

'The Scripture'는 성경 66권의 각 권을 일컫는 말이며, Bible은 성경 66권 전체를 가리키는 말이다. 따라서 신약 성경 곳곳에 나오는 '성경'은 구약의 성경 중 한 권이나 구약 성경 또는 율법을 가리키는 것이라고 볼 수 있다. '성경'이라고 번역된 곳을 곱씹어 읽어보고 영어 성경을 대조해 보면 이런 사실을 금방 눈치챌 수 있다.

마케도니아, 마게도니아, 마게도냐

마케도니아는 분명히 중고등학교 세계사 시간에 배운 알렉산더의 제국을 일컫는 말이다. 기억을 더듬거나 혹은 영화 '알렉산더'를 생각해 보면, 알렉산더 대왕의 아버지 필립 2세가 그리스에서 인질로 있다가 돌아와 귀족 세력을 누르고 강력한 왕이 되고 그의 뒤를 이은 알렉산더 대왕이 동방원정을 통해 마케도니아라는 대제국을 건설했다.

마케도니아는 알렉산더 대왕의 마케도니아 제국이 건설되기 이전에도 그리스의 북쪽에 자리한 지명이기도 하다.

마케도니아는 같은 그리스 문화권에 속했지만 그리스 사람들로부터 멸시를 당하는 곳이었다.

그러면 성경에도 여러 차례 등장하는 '마게도냐'라는 나라 혹은 지명은 알렉산더 대왕이 이룩했던 그 마케도니아 제국 혹은 마케도니아 지방을 일컫는 것일까?

성경에 등장하는 마게도냐는 모두 바울의 전도여행 과정에서 나오는 지명이다. 마케도니아 제국이 B.C. 4세기 경 세워졌다가 사라져간 제국인 점을 감안하면 성경의 마게도냐는 알렉산더 대왕이 건설했던 마케도니아 제국을 일컫는 것은 아닌 것으로 보인다. 바울의 전도여행 코스를 더듬어 볼 때 그리스 북쪽의 마케도니아 지방을 가리키는 것으로 보인다.

마케도니아는 지금도 국가로 그 명맥을 유지하고 있다. 구 유고슬라비아의 6개 공화국 중 하나였던 마케도니아는 지난 1989년 동유럽을 휩쓴 공산정권 붕괴의 소용돌이를 틈타 1991년 독립한 나라다. 하지만 현재의 마케도니아공화국은 알렉산더 대왕이 건설했던 마케도니아 제국의 후예는 아니라는 것이 정설이다.

그러면 어째서 교회에서는 이처럼 '마케도니아'를 중요

하게 여기는 것일까. 선교분야에서, 특히 대학생들의 선교 활동에서 '마게도니아 프로젝트' 혹은 '마게도냐 계획' 등의 이름이 많이 활용되는 것을 볼 수 있다.

사도행전 16장 9절의 "마게도냐로 건너와서 우리를 도우라"는 말씀을 기억해내지 못하고 이 말을 들었을 때는 도무지 이해할 수가 없었다. '마게도냐라면 마케도니아 제국을 말하는 것 같은데, 그렇다면 칼을 들고 전쟁을 하며 땅을 빼앗는 제국주의 방식으로 선교를 하자는 말인가?' 라고 엉뚱한 상상을 했던 때도 있었다.

분쟁의 땅 가자지구, 가사

"가사 사람들에게 삼손이 왔다고 알려지매
그들이 곧 그를 에워싸고 밤새도록 성문에 매복하고
밤새도록 조용히 하며 이르기를…"   사사기 16:2

'가사'는 삼손과 들릴라의 이야기에 등장하는 한 지명으로 오늘날의 '가자지구'에 해당하는 지역이다. 우리말 성경은 '가사'로 쓰고 있지만 영어 성경(NIV)은 'GAZA'로 적고 있어 가사가 가자를 지칭한다는 것을 금방 눈치챌 수 있다.

아주 오래전에 삼손과 들릴라를 주제로 한 영화를 본 기억이 있는데, 두 눈을 뽑히고 맷돌을 돌리던 삼손이 끌려나와 두 기둥 사이에 있다가 기도한 후에 거대한 기둥을 무너뜨리는 장면이 인상에 남아 있다. 삼손과 들릴라의 마지막 장면이 애굽(이집트)의 풍경을 많이 닮았던 것으로 기억되는데, 그곳이 가자지구라면 그때 보았던 영화가 영 엉터리는 아닐 듯하다. 가자지구는 이스라엘 서남부 해안에 위치한 지역으로 이집트와 국경을 마주하고 있기 때문이다.

가자지구는 '중동의 화약고'로 불리는, 이스라엘 즉 팔레스타인 지역 중에서도 테러가 자주 발생해 분쟁이 심각한 지역으로 이름이 높다. 성지순례를 하는 관광객들이 베들레헴 등 이스라엘 팔레스타인 지역을 자유롭게 드나들던 때에도 가자지구는 가보기 어려운 곳이었다. 그런데 최근에는 이스라엘 유대인들이 '분리장벽(Seperate Wall)'을 설치하면서 가자지구는 관광객들에게 더욱 위험한 지역으로 알려지게 됐다.

2005년 9월, 이즈음의 뉴스와 방송 등 언론들은 분리장벽 설치에 항의하는 유대인과 팔레스타인 사람들의 심각한 유혈충돌사태를 일제히 보도했다. 가나안 땅을 차지하고 살아온 팔레스타인과 유대인들이 분리장벽으로 각각 나뉘면서 가자지구는 팔레스타인 사람의 구역으로 정해졌고, 그곳에 살던 유대인들이 철거에 항의하면서 빚어진 비극이었다.

분리장벽은 높이 8미터의 콘크리트로 만들어졌으며, 이스라엘 국토의 절반을 가로막아 한 쪽은 유대인이 또다른 한 쪽은 팔레스타인이 살도록 갈라놓았다. 분리장벽 정책은 주로 팔레스타인 사람들을 생이별하게 만들었고 우리나라의 언론들도 '분리장벽'을 시대의 비극으로 그렸다.

베를린 장벽이 무너진 지는 이미 오래됐고, 휴전선 철조망도 점차 녹슬어 가는 것과는 대조적으로 '예수의 고향'에서는 새로운 '죽음의 장벽'이 만들어진 것이다. 무너진 베를린 장벽의 조각과 철거된(일부) 휴전선 철조망처럼 '분리장벽' 한 조각이 하루빨리 기념품으로 사람들에게 소장되기를 기도한다.

여부스와 예루살렘은 한 동네

"다윗이 온 이스라엘과 더불어 예루살렘 곧 여부스에 이르니
여부스 땅의 주민들이 거기에 거주하였더라" – 역대상 11:4

성경을 꼼꼼하게 읽은 사람들이라면 다 아는 사실이지만
여부스와 예루살렘은 같은 지역을 가리키는 다른 말이다.
이스라엘 민족이 모세를 따라 출애굽 하고 여호수아와 함께
처음 가나안을 점령한 뒤에도 예루살렘에는 여전히 여부스
족속이 살고 있었고, 여부스로 불렸다. 그러니까 여부스는
예루살렘의 옛 지명인 것이다.

여부스는 다윗 시대에 와서야 비로소 이스라엘 사람들의
관심 안으로 들어왔고, 다윗 왕의 정치적인 고려에 의해 점

령되어 예루살렘으로 불리게 되었다. 예루살렘 성지순례를 다녀온 사람들은 알겠지만, 지금의 예루살렘은 다윗 시대의 예루살렘과는 그 영역에서 다소 차이가 있다.

어쨌든 성경에는 이처럼 같은 지명 혹은 같은 사물을 다르게 부르는 단어들이 있어 읽는 사람들을 종종 혼란스럽게 만들기도 한다. 약대와 낙타 그리고 감람나무와 올리브나무도 같은 예에 속한다.

마리아를 비롯해 성경에 등장하는 수많은 동명이인들로 인해 성경읽기가 어렵게 느껴지기도 하지만, 하나의 대상을 다르게 부르는 말이 있는 것은 우리 말도 크게 다르지 않다. 서울을 한양 또는 한성으로 불렀던 것이 그런 예다.

우리나라 옛 사람들이 소와 돼지를 재산목록의 맨 처음에 올렸듯이 유대 사람들이 재산목록에 맨 처음 올리는 가축은 낙타와 양이다. 한글 개역개정판 성경은 낙타라고 표현하고 있으나 그 이전 버전인 한글개역 성경은 낙타를 약대라고 쓰고 있다. 어쩐지 약대라고 하면 성경에 나오는 짐승을 말하고 낙타라고 하면 교과서나 동물원에서 봄직한 동물을 지칭하는 듯하다. 두 짐승이 다르게 생각되기도 하지만 약대나 낙타나 모두 등에 혹이 난 그 동물을 가리키는 말이다.

성경에 자주 등장하는 감람나무도 올리브나무와 같은 말이다. 주변의 황량한 광야에 비교하면 '젖과 꿀이 흐르는 땅'이라고 불러도 좋은 가나안, 이스라엘 땅에서 가장 흔하게 볼 수 있는 나무가 바로 감람나무 즉 올리브나무다.

대홍수를 만나 방주에서 생활하던 노아 가족이 날려보낸 비둘기가 물고 들어온 나뭇잎은 감람나무 잎이었고, 영어성경(NIV)은 이를 'olive leaf(올리브 나뭇잎)'이라고 쓰고 있다. 감람나무가 올리브나무인 만큼 감람 산이라면 당연히 올리브 산을 떠올릴 수 있을 것이다.

이스라엘에는 베들레헴이 두 곳이다

"또 유대 땅 베들레헴아 너는 유대 고을 중에서 가장 작지 아니하도다
네게서 한 다스리는 자가 나와서
내 백성 이스라엘의 목자가 되리라 하였음이니이다"
– 마태복음 2:6

모두가 아는 것과 같이 이스라엘에서 베들레헴은 아주 특별한 의미를 가진 동네다. 어떤 한 훌륭한 사람이 태어나면 그 가족은 물론 지역 차원에서 기념하는 것을 볼 수 있는데, 하물며 예수님이 탄생하신 고장이니 어련하겠는가.

지난 2005년 8월 이스라엘을 다녀올 기회가 있어 예루살렘과 베들레헴, 가버나움 등 주요한 몇 곳을 방문했는데, 베들레헴 취재는 기억에 오래 남는다.

베들레헴은 예루살렘에서 남쪽으로 약 10킬로미터를 달

리면 닿을 수 있는, 그렇게 멀지 않은 곳이다. 하지만 예루살렘에서 베들레헴으로 가는 길은 10킬로미터라는 물리적인 거리와 달리 '분리장벽'이 가로막고 있어 심리적으로 꽤나 멀다. '체크포인트'라고 불리는 검문소를 지나야 하는데, 외국인들은 여권만 보여주면 통과가 가능하지만 팔레스타인 사람들은 '통행증'이 없이는 통과할 수가 없다.

그렇게 어렵사리 베들레헴으로 들어가면 예루살렘의 번화한 거리와는 다른 분위기가 제일 먼저 감지된다. 예루살렘의 번화한 거리가 활기넘치고 유럽의 거리를 연상시킨다면, 베들레헴의 거리는 모래바람 부는 황량함이 먼저 엄습해왔다. 분리장벽 때문에 젊은이들은 직장을 잃었고, 더 이상 관광객이 찾아오지 않는 도시는 을씨년스럽다.

당시 베들레헴 시장(빅터 바타르쉐 박사)을 인터뷰했는데 그는 "4년간의 인티파다(민중봉기)로 관광수입이 없어졌고, 분리장벽으로 젊은이들이 예루살렘으로 들어가 일하지 못해 경제가 파탄 지경에 이르렀다"고 말했다. 시청앞의 평화센터와 예수탄생 교회로 이어지는 광장은 '예루살렘평화행진'에 참석한 한국인 관광객으로 가득해 오랜만에 활기가 넘쳤지만 빅터 시장의 인터뷰는 뇌리를 떠나지 않았다.

지금까지 얘기한 베들레헴은 우리가 흔히 알고 있는 예수님이 탄생한, 요셉의 고향 유대 베들레헴이다. 마태복음 2장을 비롯해 신구약에 걸쳐 광범위하게 언급되는 베들레헴은 대부분 "유대 베들레헴"이라고 표현되고 있다. 이스라엘 북쪽의 해안가에 위치한 스불론의 베들레헴과 구별하기 위해서다. 여호수아 19장에서 가나안을 점령한 여호수아는 제비를 뽑아 이스라엘 지파에게 땅을 분배하는데, 스블론의 자손들이 받은 열두 성읍 중에 베들레헴이 등장한다.

우리나라에도 동명이지(同名異地)는 많이 있으니 베들레헴이 두 곳이라고 해서 이상할 일은 아니지만, 베들레헴을 구분하기 위해 '유대 베들레헴'으로 쓰는 성경의 치밀함을 느낄 수 있는 대목이다.

미스바, 기도는 우리의 힘

> "그들이 미스바에 모여 물을 길어 여호와 앞에 붓고
> 그날 종일 금식하고 거기에서 이르되
> 우리가 여호와께 범죄하였나이다 하니라
> 사무엘이 미스바에서 이스라엘 자손을 다스리니라" −사무엘상 7:6

　교회에서 '미스바' 라는 단어가 가장 많이 사용되는 곳은 기도회다. '미스바 구국금식기도회' 와 같이 이름 있는 목회자들이 모이고 대규모로 교인들을 모으는 기도회에는 '미스바' 라는 말이 붙는 경우를 자주 볼 수 있다. 대규모 집회가 아니더라도 교회에서 갖는 크고 작은 기도 모임에도 '미스바' 는 자주 채용된다.

　성경 지식을 조금만 가진 사람이라면 미스바를 "바씨 성을 가진 미혼 여성을 부르는 '미쓰 바'"로 이해하지는 않을

테다. 하지만 미스바에 대해 정확하게 알지 못하거나 '어렴 풋이 알 것도 같다'는 독자를 위해 한 번 더 정리를 하자면 이렇다.

이스라엘 민족이 블레셋과의 전투를 앞두고 있을 때 사무엘 선지자는 이스라엘 백성들을 미스바로 모이게 한 뒤 우상들을 버리고 금식하며 기도함으로써 블레셋 군대를 물리칠 수 있었다. 또한 사무엘 선지자가 이스라엘 12지파를 모으고 사울을 이스라엘의 초대 왕으로 추대한 곳도 역시 미스바였다.

"베냐민 산지 북쪽 지역에 위치하고 예루살렘에서 약 12 킬로미터 떨어진 분수령길 주변에 자리하고 있다"는 것은 서울신대 성지연구소의 설명이다.

그렇다면 지금도 미스바에 가 볼 수 있을까. 결론부터 이야기하자면 성경을 근거로 하는 미스바는 몇 가지 주장이 있어 정확한 곳은 모른다는 것. 하지만 몇 가지 주장 중에서도 설득력을 얻고 있는 곳이 있는데 이스라엘 북쪽의 '텔 엔 나스베'라고 『성서대백과사전』은 설명하고 있다. "텔 엔 나스베에서 발굴된 고고학적 유물은 구약에서 말하는 미스바의 역사와 잘 들어맞는다"는 설명이다.

그런데 한글 성경은 미스바와 함께 '미스베'도 혼용해서 사용하고 있는 것을 볼 수 있으며, 백과사전도 미스베 (Mizphe)가 미스바와 같은 지명이라고 설명하고 있다. 미스바를 미즈파(Mizpha)로 표기하고 있는 영어 성경(NIV)은 그러나 한글 성경의 모든 미스베를 동일하게 미즈파 (Mizpha)로 표기하고 있다. 미스바와 미스베는 같은 지명을 일컫는 말이라는 얘기다.

미스바는 '기도의 힘'이 얼마나 크고 위대한지를 보여주는 역사의 현장이다. '기도할 수 있는데 왜 걱정하느냐'며 기도의 중요성을 강조하는 기독교 출판사도 있듯이 기도는 우리의 안식이며 힘이다.